U0899595

国家出版基金项目

蔡元培全集

卷一二

蔡元培译著（下）

一民族之文化，能常有所贡献于世界者，必具有两条件：第一，以固有之文化为基础；第二，能吸收他民族之文化以为滋养料。

创于1897
商务印书馆
The Commercial Press

本册目录

伦理学原理 …………………………………………………… 291

改正《伦理学原理》序……………………………………… 293

蟹江氏序……………………………………………………… 295

目录…………………………………………………………… 296

序论…………………………………………………………… 299

本论…………………………………………………………… 317

德意志大学之特色 ………………………………………… 477

撒克逊小学(国民学校)制度 …………………………… 485

柏格森玄学导言(节译) ………………………………… 517

伦理学原理

〔德〕泡尔生　著

〔日〕蟹江义丸　日译

改正《伦理学原理》序

泡尔生氏名腓力(F. Paulsen),德意志晚近之大哲学家也。以西历千八百四十六年生于兰根匈(Langenhorn)。初治神学,既而专修哲学、文学。以千八百七十一年毕业于柏林大学。越四年而任柏林大学教授,又越四年而被推为哲学博士。及去年而殁于柏林,年六十有三也。氏之哲学为康德派,而参取斯宾那莎及叔本华两氏之说,又于并世大家若冯德(Wundt)、若台希耐(Techner),亦间挹其流也。其著述颇多,皆关于伦理学,若教育学,而以《伦理学大系及政治学社会学之要略》(*System der Ethik mit einem Umriss der Staats-und Gesellschaftslehre*)为最著。其书冠以序论(Einleitung)而分为四编,曰伦理学史(Umriss einer Geschichte der Lebensanschauung und Moralphilosophie)、曰伦理学原理(Grundbegriffe und Prinzipienfragen)、曰德论及义务论(Tugend und Pflichtenlehre)、曰社会之形态(Die Formen des Gemeinschaftslebens)。千八百九十九年纽约已有英译,而日木蟹江义丸君则于明治三十二年据第五板译其伦理学原理而冠以序论(名其原理本编、日本论),以列于博文馆之帝国百科全书中。以限于篇幅而删其第三章之厌世主义。及明治三十七年,又改订之,并补译厌世主义章,而与藤井健治郎君所译之伦理学史、深作安文君所译之德论及义务论合之,以为《伦理学大系》,依仿英译删其第四编,并节去其政治学社会学要略之名焉。蟹江氏于本书中散见之文，若驳尼采主义者，若征引德国诗歌者，皆有所删削。以其专为德人，而发于他国学者，无甚裨益，而转足以扰其思想也。而又附西洋伦理学家小传于其后。今之所译，虽亦参考原本，而详略则一仍蟹江氏之旧。蟹江氏之译此书也，曰取其能调和动机论、功利论两派之学说，而论义平实，不滋流弊也。今之重译，犹是意也。其伦理学史、德论及义务论，当续译之以公于世。

宣统二年五月　译者识

蟹江氏序

近世学者盛研究伦理学，而伦理学之书，殆有汗牛充栋之观。其间卓绝恒蹊者，亦不可以偻指数。泡尔生氏虽确为当今有数之伦理学家，而其说稍稍过于平实。顾余于无数卓绝之伦理学书中，独取此书而译之，何哉？盖伦理学者，非徒叙述事理，而实为吾人定行为之标准者也。故其所论，一涉偏戾，则影响于实践界者，其害甚巨。故极端之学说，虽振奇可喜，而往往足以误读者；平实之论，乍读之似不足以鼓舞兴会，而身体而力行之者，乃大得其益。此吾之所以有取于泡尔生氏之作也。不宁惟是，近世伦理学得别为二大学派：动机论及功利论是也。动机论者偏重主观，而谓道德律为先天者；功利论者偏重客观，而谓道德律为后天者。其弊也，前者流于陈腐，而后者流于浅薄，皆非大中至正之道也。泡尔生氏有见于此，故此书推本柏拉图、雅里士多德勒、斯宾那莎诸大家之说，而为两大学派之调人，而与英国伦理学界最近思潮之代表格临(Green)派若合符节，尤有足以见欧洲伦理学之趋势者。然则余之译此书也，岂偶然哉。

明治三十二年二月　蟹江义丸撰

目　　录

序论……………………………………………………………299

(一)伦理学之概念　(二)科学统系中伦理学之位置　(三)伦理学之职分　(四)伦理学之研究法　(五)道德律与自然律之比较　(六)具足之概念　(七)伦理学之普通形式　(八)伦理学之所以为实践科学

本论……………………………………………………………317

导言　关乎纯理学及心理学者……………………………317

第一章　善恶正鹄论与形式论之见解……………………319

(一)善恶之见解之别　(二)正鹄论见解之意义及权利　(三)主观形式之判断与客观质料之判断　(四)正鹄与作用之关系　(五)论各种行为之重要　(六)略论利己主义　(七)结论

第二章　至善快乐论与势力论之见解……………………339

(一)评功利主义快乐非行为之鹄　(二)论人之冲动有以苦痛之动作为鹄者　(三)以生物学之公例正快乐论之见解　(四)论快乐不足以定行为之价值　(五)至善之积极义　(六)历史之论据　(七)详论至善之积极义

第三章　厌世主义…………………………………………361

(一)厌世主义之理论　(二)感觉界厌世观之证明　(三)道德界厌世观之证明　(四)历史哲学界厌世观之证明　(五)道德界历史之厌世观

第四章　害及恶……………………………………………384

(一)物理界之害　(二)道德界之害　(三)余之见解非寂静主义

（四）论生死

第五章　义务及良心……………………………………… 394

（一）义务感情之起原　（二）义务与性癖之关系　（三）评康德之见解　（四）论先天直觉论道德哲学之谬误　（五）良心　（六）良心之分化　（七）道德界之虚无论　（八）义务语意之范围

第六章　利己主义及利他主义…………………………… 417

（一）利己主义与利他主义非截然相冲突者　（二）以行为之效果核之　（三）以行为之动机核之　（四）道德之判断　（五）进化论伦理学说与利己、利他两主义之关系

第七章　道德及幸福……………………………………… 431

（一）论道德之影响于幸福者　（二）论幸福之影响于性格者

第八章　道德与宗教之关系……………………………… 440

（一）道德宗教历史之关系及其因果　（二）论其内界必然之关系　（三）论宗教与科学之关系　（四）不信仰之原因　（五）灵魂不灭之信仰与道德之关系

第九章　意志之自由……………………………………… 457

（一）意志自由问题之历史　（二）以事实评意志自由问题　（三）论对于行为之责任　（四）人类自由之定义

西洋伦理学家小传………………………………………… 471

（一）雅里士多德勒（Aristotles）　（二）奥古斯底奴斯（Aurelius Augustinus）　（三）培根（Francis Bacon）　（四）边沁（Bentham）　（五）孔德（Auguste Comte）　（六）达尔文（Charles Darwin）　（七）耶必克丢（Epiktetus）　（八）伊壁鸠鲁（Epikuros）　（九）菲耐尔（Gustav Theodor Fechner）　（十）黑智儿（Georg Wilhelm Friedrich Hegel）　（十一）额拉吉利图（Herakleitos）　（十二）海尔巴脱（Johann Friedrich Herbart）　（十三）霍布斯（Thomas Hobbes）

(十四)呵弗丁(Hoeffding) (十五)谦谟(David Hume) (十六)康德(Immanuel Kant) (十七)拉比尼都(Gottfried Wilhelm Leibniz) (十八)罗底(Rudolf Hermann Lotze) (十九)马古奥力流(Marcus Aurelius) (二十)穆勒(John Stuart Mill) (二十一)奈端(Isaac Newton) (二十二)尼采(Friedrich Nietzsche) (二十三)巴弥匿智(Parmenides) (二十四)修拉玛希(Friedrich Daniel Ernst Schleiermacher (二十五)叔本华(Arthur Schopenhauer) (二十六)索匪脱布利(Shaftesbury) (二十七)施的维(Sidgwick) (二十八)苏格拉底(Sokrates) (二十九)斯宾塞尔(Herbert Spencer) (三十)斯宾那莎(Baruch Spinoza) (三十一)多马(Thomas von Aquinas)

(三十二)福禄特尔(Voltaire) (三十三)色诺芬(Xenophanes)

序　论

（一）伦理学之概念　伦理学（Ethik）之名，本于希腊语，其本义为研究风习之科学也。

研究风习之法有二：（甲）以证明为鹄者，（乙）以实践为鹄者。甲之法，考各民族在各时代之风俗习惯而记述之，是为历史派人类学。如海罗德（Herodot）及斯宾塞尔（Herbert Spencer）之叙事社会学之类是也。乙之法，则在研究人生行为之价值，以指示吾人处世之正道，是则希腊人之所谓伦理学也。序以条理，而锡以伦理学之名，实始于雅里士多德勒（Aristoteles）。兹之序论，即所以说明实践伦理学之性质者也。

（二）科学统系中伦理学之位置　科学有二别：一主理论者；二主实践者。前者谓之学，后者谓之术。前者属于知识而已，后者又示人利用其能力以举措事物，而适合于人生之正鹄者也。

由是观之，伦理学之属于术，无疑矣。盖伦理学者，所以示人之生活，必如何而后能适合于人生之正鹄者也。故伦理学者，位于诸术之上。而广言之，直可以包含诸术。何则？凡所谓术者，皆人所资以达其完全之生活者也。自商工业以至教育、政治，何一不然？故虽谓诸术皆隶属于伦理学，而悉为伦理学之一部，殆无不可也。

凡术皆以学为基，盖应用学理以解释其所实践之条目者也。

而伦理学之所基,则为人类学及心理学。盖伦理学之鹄,在豫定人类性质及人生规则之知识,而用以解释人类全体及各人之生活及行为,如何则有助于人性之发展,如何则反益其障碍。此其关系,得以他术比例而明之,如医术以却病为鹄,在因人身之生活,而为之助其发达,去其障碍,是为卫生及治病之术,故以物理科之人类学为基。医术与物理科人类学之关系,犹伦理学与人类学全体之关系也。医术者,本人身之知识,而用以发展人身之生活,使达于康强。伦理学者,本人性全部之知识,而尤注重于其关乎精神关乎社会之两部,用以发展人类种种之生活,使达于完全。故伦理学者,可谓之完全之卫生术。不惟医术,即其他教育、政治诸术,亦可视为伦理学之一部分,或视为辅助之术焉。创设伦理学之雅里士多德勒,其见解亦若是也。

术与学之区别如此,而不得以术为独立之新科学。何则?科学所以研究事物之性质,而事物之变化,由人力所生者,不得径视为性质之一部也。惟科学之书,亦时得附记其应用之术,如著物理学者,于蒸气理论后,附记气机之作用。此以技术为学说之余论,固甚当也。

使人类之本体,属于学理之一方面,则吾人研究学理而已足,而其实不然。所谓本体者,乃属于实践之方面也。凡实践问题,其发生常在学理问题之前,而尤为重要。所谓科学者,率由求实践问题之解释而后起,如解剖学、生理学起于医术,几何学起于量地术,而哲学则亦起于求人生之意义及职分也。要之,驱人类全体,而讨究宇宙之性质者,无问古今,不外乎各即其生活之现象,而绎其本义、溯其缘起、指其正鹄。然则谓一切哲学之原因及归宿,悉隶于伦理学焉可也。

（三）**伦理学之职分**　伦理学之职分有二：一曰定人生之正鹄；二曰所以达于其正鹄之道。人生之正鹄者，至善也，具足之生活也。以善论定之，善论之职分，在论定一普通之形式，其内而身心能力之发展，外而国家天下之关系，悉得其所，而无毫发之遗憾，使人类得据以为正鹄而奔赴之者也。若是者谓之至善，亦谓之安宁。安宁也者，并形容其主观之状。盖谓具足之生活，必有快乐之感随之也。然不可因是而谓人生之所以能有价值者，其内容仅此快感。何则？快感者，至善之体所感觉享受之形式，而非可以此为善也。

伦理学之第二职分，在指示吾人由何等行为，养何等品性，而后可以达于至善，此则义务论及德论所由作也。义务论者，准至善之鹄，而立普通形式，以范围各种之行为者也。德论者，揭养成性格之道，而证明敬义勇信诸吉德，何以与至善相迎；诈慢怯懦诸凶德，何以与至善相背者也。

行为及品性，非徒为达于至善之作用，而即为其内容之要素。如动作休憩，为卫生术之作用，而亦即人身生活之内容也。不观诸诗乎？积章而为篇，各章之诗，虽为构成全篇主义之作用，而亦自有其各章之价值。伦理亦然，由诸德之组织而为至善，而有公同之价值。又由至善之分现于诸德，而各有其作用之价值。且各章之诗，得视其关于全篇主义之远近，而价值不同。种种之德，亦得视其关于至善之轻重，而次第其价值焉。义务之等差亦然。

（四）**伦理学之研究法**　吾人之知识，可别为二种：一曰得之于经验者；二曰得之于直觉者。直觉之知识，可以数学为模型：先立单元,而演绎之以为种种之公例,以论理证明之。据思想中之原理,而指示其必然之因果者也。经验之知识,则反是,若物理学,若化学,必先观察事物之状态,求得其自然相应之规律,而后敢揭以为普通之法式,因果律是也。其所揭之法式,所以可据者,由其非以论理之法,结合于预想之定义,而实诉合于观察所得之因果也。

伦理学之研究法,不类数学,而类于理化学,余之所不疑也。盖伦理学者,非由概念而演绎之以为定义,实由经验而确指其事实之关联者。譬如一人有何等动作,则于其人及外界各关系,必生何种之效果,此伦理学中证明事理之通式也。苟转而言之,则为凡人欲得何等之效果,或欲免之者,不可不有何等之作用,是岂非各种技术中因果关联之成法耶。培根有言:实践之规则,生于因果律。顾实践规则之所以可信,由其以因果之关联证明之,而因果之关联,必由经验而得之。如清洁、运动、呼吸新空气,宜于卫生,否则为害,非经验无以证明之。吉德有以助人类生活之发展,而凶德适以破坏之,此亦非经验不能证明者也。

持直觉论者,以伦理学为无关于经验之知识,以为设道德之条目者,不可以恃经验,且亦无待乎经验焉。伦理学中之命令,出于人类之良心,是即天命之性,本具有立法决事之能力者也。且为之说曰:凡人屏除一切经验,而尚有善恶之观念者,事实也。何者为利,何者为害,诚待经验而后知;而何者为善,何者为恶,则于未经验之前,固已知之。是故人之实际行事,与其行事时各种因果关联之观念,决不能于其直觉之知识,有所增损焉。

直觉论者之说如此。然核之于实际,则人类非以判别善恶之故,而有待于道德哲学。所谓道德者,夙已先道德哲学而发见。苟其初无所谓道德，则决不能有道德哲学。以道德哲学，必以现在之积极道德管理吾人之生涯及意志者，为其思考之对象，而后能建设也。吾人内有其心，诚若有何事当行、何事不当行之命令，于是名之曰良心。良心之起原及其与人生正鹄之关系，当详述于本论。若欲先明道德哲学之性质，不必等于直觉知识之科学也。特援卫生术以证之如下。

吾人不待道德哲学之发明，而始能判别善恶，犹之不待卫生术之发明，而始能摄养身体也。当医术未作以前，饥者求食，寒者求衣，业以足以自存。使有询以何故食能疗饥、衣能疗寒者，其人必大诧异，如询今之小学生徒以欺诈窃盗何故不可为也。彼以为此等人人能解之事，曾何足深求云尔。取自昔人不屑深求之事，以为问题，而研究之，由是科学作焉。盖人类循自然能解之术，以卫其生，既不知经历几何年，而始有根据科学之医术。且其进步亦复甚缓，以观察及实验二法，知人身之构造机能，及其与外界各种生活之关系，然后能举昔日种种自然卫生之举动，而别其果合于卫生之正鹄否也。

道德哲学亦然。当其未发见也，固已有不思而得之道德，为众所公认。盖社会之生活，如身体然，亦有由良能之指导，而无俟乎科学者。此其良能，即所以综合各种生活而构成社会者也。且道德之规则，亦若有不可思议之命令，临于吾人意识之上，与卫生规则无异。例如毋杀人，毋盗窃，毋欺诬，皆良心中无上之命令，有不必叩其原因之何在，而自不能不遵守者，与饥而求食，寒而求衣，无以异也。

然则所谓道德哲学者，将不过缀集良心中各种积极或消极之命令,而不能谓之为科学乎?曰:否,否。不然,凡自然道德,常萌芽其真理,以寓于俚谚之中。例如杖莫如信之类是也。夫杖莫如信之言,非命令也,而其中确含真理。若解析而言之,曰:汝必守信,汝知杖之可恃,而不知信之可恃乃过之乎,则真理显矣。本此等自然道德所含之真理而发挥之,以论定各种行为之得失,是则道德哲学之本职也。道德哲学,亦犹卫生科学然。在举人类自昔习惯之行为,而为之指别其损益之所在,使人人得循是以为取舍。例如欺诬者,足以伤人之信用,施者受者均受其害,而社会全体,亦失其信用之一分子。又如盗窃者,自丧其品格,又使被窃盗者损失其资财,而社会全体之秩序,且为之紊乱,此其所以为恶也。一切行为,或善或恶,皆循此例以示其所由。于是人类之行为,变其纯任自然者,而益之以思虑,由无意识之道德,而进于有意识者,斯则道德哲学之赐也。

且道德哲学之职分,犹不止此。卫生科学,既本自然卫生术以为基,又进而补正之。道德哲学,既因自然道德以为基,则亦从而扩充之。一行为也,既示其可否矣,而又为之规定其行止之界域。如指示欺诈之不可为,而又指示以不能不用欺诈之事是也。且自然道德,于事物错综之际,恒不免多歧,必其人谙练有素,而能判决始能屡中。道德哲学,为规定一切谙练之法则。于是临事者虽亦不能不本谙练以为判决,而较之自然道德,则津涯较著矣。

谙练之规则,德论及义务论之职分也。凡德论及义务论之条目,无不指正鹄而综因果,即所谓欲达某某正鹄者,不可不有某某动作是也。然此正鹄与吾人知识之关系果如何乎?伦理学者何自而得此具足生活之意识乎?又何以证明至善规则之必无谬误乎?

一及此等问题，而持论不能无稍异。盖吾人所以决定至善之性质者，非悟性之职分，而实意志之职分也。吾人常若有具足生活之理想，涌现目前，而又无思无虑，直认为无尚之正鹄。此等理想，虽明现于意志之域，然必非得之于悟性，而实出于吾人本体之映象也。有人于此，其思想与我大异，我欲匡其谬误，而论理之法则，事变之经验，俱不足以动之。乃表我无尚之理想，以动其感情，而其人或翻然自悟。当此之时，其所以核定理想之价值者，不在其人之悟性，而全由意志之力也。盖悟性者，所以核真伪而非所以别善恶也。

道德者，源于理性乎，抑源于感情乎？此自昔伦理学者所聚讼也。而二者实皆有关系，惟所以决定具足生活之何若者，则全在乎不可思议之感情。吾人虽有何等论证，不能由是而发生崇敬理想之感情，犹之尝苦味时，不能由论证之力而使之变苦为甘也。夫吾人于食物之趣味，间可由习惯而稍变，道德之趣味亦然。然亦恃所味者之变化其内容而始能。若乃至善之理想，既已确立，则凡一切动作，孰者足为实现至善之作用，孰者为之障碍，以悟性核定之，至易易矣。

至善理想之所以为最溥博最正当者，势不能以科学之法则论证之。所可得论证者，恃人类意志有同一确定之方向而已。人类之能力，及其生活之规则，互相类似，故常有一种程度，可以互相忖度，如同一程度之下等动物，其欲望互相类似也。而研究是等意向者，属于自然史。自然史之职分，在即人类全体所以实现其至善之理想者，而发见其普通之法式。方伦理学者之为此也，乃遂无异于治生物学。盖其职分，不在施命令于人类之意向，惟发见之而已。

果能发见人类普通之意向,则其间偶有一二与众人意向大违者,势不得不视为变例。例如荒淫之人,其嗜欲几与吾辈悬殊,而要不能不认为实事,生理学者亦仅能谓之变例,而不能谓其无是例也。意向之变例亦然。人皆有高尚之快乐,本于良知及理想者,或乃徇口腹之欲,而不知其他。人皆有运动身体练习世事之好尚,而或惟癖于偷惰。人皆有人我苦乐之同情,而或以他人之苦痛引为愉快。凡若此者,吾人当视为变例者也,而要不能直指其为错乱。何则?吾人求所以证其为错乱者而不可得也。以彼其人,不惟不自知其异于普通之人,且以为普通人之意向皆若是焉。

(五)道德律与自然律之比较　吾人见自然界各种现象,常循有定之规则而变化,于是立一普通之法式以表之,是为自然律。自然律有广、狭二义。以狭义言之,有是因必有是果,物无可以自遁者。如物理学中两物相摄之例,得以算理密定之者,是也。以广义言之,其法式虽足以范围万物,而亦不保其无一二端之出入。如生物学之法式,所以表动植物之体制及其生活机能之规则者,即属于广义之自然律者也。卫生术之法式亦然,为何等动作,恒有何等影响,如冷水沐浴,足以固肤理而增体温;如身体机能,神经系统,运动之则足以增进其势力,否则日即于痿废。又如酒精、鸦片之利害。是皆以人事错综,偶有变例,不能以算理规定,如物理学各法式之精密。然其大例,固足以包最大多数之现象矣。

由是观之,道德律者,亦未尝不可谓之自然律。盖伦理学之法式,大抵即人类生活之状态,而表明其有何等行为,则常有何等影响者也。例如欺诬足以破信用,信用破则社会之交际将受其障害,是犹酒精之搅乱神经也。又如怠惰之习,足以蒙理性而弱意志,此亦循生理学之公例，以施于心理学者。故曰道德律者，亦广义之自然律也。或疑道德律所以明其当然，而非如自然律之明其必然。然如勿欺诬之律，虽不免有一二变例，而究不失为普通之正式也。或又以道德律与法律有密切之关系，而自然律不然为疑。然道德律固关于法津，且纯正之法律，或不过道德律之一部分，而要不足以绝道德律与自然律之关系也。盖法律亦所以明其当然者，其间亦不免有一二变例。然举其正例而观之，实所以表明人民各种实际之动作而已。使有一规则焉，实为全世界人民之所蹂躏，则岂得复视之为法律者。故法律者，非徒文告，而确为实际动作之规则所由表，不得以其不能密合于数理而外视之也。且法律之原始，虽由于吾人之意志，而实以行为与事效相关联之因果为基本。例如律曰：勿欺诬，勿偷盗，欺诬、偷盗者罚之。此即以欺诬、偷盗贻害社会之因果律为基本者也。偷盗者，紊财产之秩序，欺诈者，伤人我之信用，此即自然律也。而兹之自然律，即为法律所自出。盖凡人均有保障社会中各种生活规则之志向，法律者，本此志向而设规律以管束凡人之动作云尔。

惟道德律亦若是，不徒明其当然，而且明其必然者也。文明史家必将曰：道德律者，以正当之规则，表彰凡人正当之动作，而又为判断各种动作之原理也。设有一民族于此，无真理外道之别，无正直诈伪之分，语之以道德之规则，则曰：子之言非吾所能解，毋乃妄乎。如是，则可谓无道德律矣。然而世界亦乌有如是之民族耶？夫人之所以致疑于道德律者，徒以诈伪之属，并非必不能为，而仅为不正之动作耳。然而诈伪之属，得以变例视之。且如诈伪者，亦自然律之一端，盖非论理学之规则，而心理学之规则也。非人人言语本有信用,则诈伪无自而生;非人人言语本有适合于自然律之真理,则信用无自而生。故信用与真理之关系,诈伪与不信用之关系,始也结合于吾人之动作,继也结合于吾人之意识,而于是毋诈伪之道德律成立。然则道德律之以因果律为基本,正与医术、法学相同。苟因之与果,一人或一社会之动作与生涯,并无适合于自然律之关键,则道德律亦无由而存立。故道德律者,非人所自造,亦非由神意及良心之无端而制定,实人类自有固结乎生涯而适合于自然律之一性质,藉道德律以表彰之耳。盖人之生活,必其含有人道及精神进化史之内容,在表彰各人正当动作之道德律范围以内,而道德律乃与生物学之自然律䜣合也。凡违背道德律者,小而一人,大而社会,无不有障害其生活之势。苟有一民族焉,全失其道德律,则即破坏其人类进化之生涯,终且求如他种动物之生存而不可得矣。

道德律之所以为范畴也,以文典比例之而可知。文典者,普通之人所认为明其当然者也。然吾人试研究语言之历史,则知所谓文典者,非创设语法以示人,特表示言语所具之规则云尔。文典家之于峨特语、若中古高德意志语,常探究当时实际言语之形式而叙述之,不啻古生物学家探究古物生活之形式而叙述之也。其探究今日言语之规则者亦然。夫言语者,常亦随人随事而差别,惟其间必有互相类似之点,如名词、动词之变化等是也。而亦有不能以一定之形式限之者,于口语中尤视文词为多。故文典家欲叙述实际之言语,而得其普通之规则,不能不合种种之形式而有所取舍,又不能不准诸常用者,及名人著作之受多数人信从者,以为可取之形式,于是此形式遂为标准,而文典遂为标准之科学。吾人于言语文章之正误，得标准文典以判定之。其间又有一大关系，则所以需此形式之正鹄是也。盖言语之正鹄，在使人了解，不合文典之言语，人不能了解，则不得不以为谬误而排斥之。

道德哲学亦然，常人每以道德哲学之职分，在以生活之规则命令吾人，而以人类学历史学之证据核之，则道德哲学之职分，初不在施如何行动如何判断之命令于吾人，实不过举实际之生活，而取其最普通之形式以叙述之耳。而欲叙述最普通之形式，不可不洞察各各道德之正鹄，与其法则之形式及方向，而叙述之科学，遂为标准之科学矣。其中条目，既以表彰人类之安宁为主，则其由是而为判断之原理、与夫行为之训诫，亦固其所也。

（六）具足之概念　前者，吾言道德之正鹄，在至善，而至善即具足之生活。夫具足生活者何耶？盖谓人类之体魄及精神，其势力皆发展至高而无所歉然之谓也。此其实质之条目，当别论之，而兹先言其形式之关系。难者或曰：形式者虚位也，无论何等实质，均可以充其内容。彼如快乐派伦理学所谓快乐为至善者，非既有其形式乎？又奚必排快乐派之说而又别立形式为？吾于快乐派之得失，当论于后章。兹所欲明者，即自形式以外别无可以说明至善之法是也。不观卫生术乎，具普通之图式，而康强身体之事实，不能一一举似也。伦理学之于处世之道亦然。夫仅有具足生活之形式，诚不能构成生活之价值。生活之价值，实在乎充此形式内容之实质，而充此形式内容之实质，则又决非各派伦理学如快乐派等所能证明之者也。

盖人人为同状之具足生活，势所不能。苟有一民族焉，其间人人果有同一之具足生活，则意味索然，且其民族中之各人，性质同、生涯同,而仅仅以某甲某乙为分别,亦复成何民族耶?故所谓人类具足之生活者,乃合各人各种之具足生活以成之,而非取其雷同者也。由是而欲明具足生活之实质,势不得不由人类之观念而悉举其观念中所必不可缺之形式以充之,自一人而家族,而民族,各各因其若何之资性而发展其若何之生活,皆当罗举而无遗,此则历史哲学家之以建设为鹄者之职分也。然吾人即仅取历史中过去人物之生活,及种种民族之生活,而条举之,以构成人类之观念,已不易能,况欲构成未来之历史与人类之新状态乎。

譬之美学,欲举绘画、雕塑、诗歌、音乐等一切现象,与其将来应有之事,悉以美术之观念罗举之,世岂有能之者?盖美之实现,天才之事也。美学者取过去天才之所创造,而循迹以考之,其职分在泛论美术中必不可缺之条件。即此一端,在美学者虽不能列举美术现象以贻将来,而能使美术家得豫知必不可缺之条件而免于谬误。伦理学亦然,虽不能胪举将来具足生活之内容,而立普通法则以指明具足生活所必不可缺之条件,则亦使吾人各得以其特别之生活,准于所指示之条件,而免于违戾焉。

(七)伦理学之普通形式　人类初无所谓普通之道德也,各民族所持以为普通之模范者,恒自有其特殊之道德。如英国人与非洲人,各道其所道而德其所德。彼其生活之状态,现已不同,而道德亦随之以不同,固不可诬之事实也。惟其不同也,为当然乎?为必然乎?又不可以不辨。据昔贤之说,如康德辈,皆以为道德之本义,即在人类理性,必有其普通无异之实质。苟道德可以因地而异,则将男之与女,美术家之与商人,亦将因其体性及职业之不同而各异其道德耶?答之曰:道德之因人而异也。诚然,然不必以此而有妨于具足生活之理想也。夫人类生活之状态，既各各不同，则其所以为生活之规则者，自不能不异。观英人与非洲人，既各有其特别之卫生，则夫统一卫生诸术之道德，亦不得而强同。是故同一动作也，在此则合于时宜，而在彼则否。英人与非州人之交际，较之英人与英人之交际，既显为特别之动作，其道德之特别也，亦若是而已矣。

虽然，此以广义言之也。若以狭义言之，则虽谓人类本有普通之道德，亦未尝不可。盖人类之本质及其生活法则之基本，既已同一，则所以发展其康健之生活者，其纲纪自不得不同。故卫生术得设普通规则以示人，如饮食之种类及定量，动静之节度，恒可为吾人所遵守。道德亦然，如思患而豫防，如幼稚之教育，如夫妇有别之制，如同类相残之禁，皆普通之规则也。有悖之者，其害立见，如杀人、奸通、盗窃、诈伪之所以为恶，正直、慈详、诚信之所以为善，亦其义也。由此等普通规则，而制为训诫，以直接应用于庶事，则必因其人资禀之异同，与夫平日生活状态之异同，而为之消息。如医家之应用其卫生术，不能强寒带之人与热带之人相同也。道德之通义，若家族相亲睦，邻里相任恤。社会秩序相与维持，虽可放之四海而皆准。至绳检实事，则不能不有所变通矣。如一夫一妇，在文明民族，诚为家族中最善之制，然衡之于非洲人，则以其平日生活状态之不同，而未可以是相绳。故谓一夫一妇为家族最善之形式可也。而必文明程度与是相宜，则得而实践之，否则视其程度之所届，而用特别之形式，亦未为不可。意者，一夫多妻之制，足以繁衍族性，或为家族进化史所不能不经历之阶级，如权利进化之于杀戮，社会进化之于奴隶云尔。

由是观之,则夫时代既异,而道德亦不能不随之以异,不特其理至明,而其证亦至确也。惟道德何以必随时代而不同?既已随时代而不同,而又何以仍无失其为道德?此则虽圣贤犹难言之。夫常人之情,于古人之事,与今之道德不相容者,往往直斥为悖谬。读中世史,见基督教徒之仇异教也,常捕异教徒及巫觋之属而榜掠之,甚者杀之焚之,则无不极口诋諆者。夫淫刑以逞,诚蛮野矣。然在蛮野之时代,用蛮野之刑法,未为不可,且驱蛮野而进文明,或亦不可无此作用,向使无往昔酷虐之刑法,则中世都市,或未必能跻于今日复杂生活之社会也。今日之刑法及警察,严明平正,一洗中世酷虐之习,诚可喜矣。然缘是而谓中世何以不用是制,则误矣。且今日严明平正之制之所以有效,庸讵知非中世酷虐之制所致乎?

更进而论之,则虽一民族中各社会、各人,亦不免各有其特别之道德。既有各种资性,各种生活状态,则必有各种摄卫身体之卫生术,而亦有各种摄卫精神之道德,或在此为益为要,而在彼为无益为非要者,盖常有之。其在实际之决断亦然,同一行为也,或在此人则可,而在彼人则不可。若欲合无数之人而同其行为,世所不能有也。苟知各种行为,非仅其人性质之一方面所由表,而实为其全部意志之所由表,与其人之品格及本性,皆相关联,则无论意向、言语、事业,无不足以见各人特别之印象者。吾人所见各人有大同之动作者,徒观其表耳。苟求其内情,则无一不具特性。夫内情者,人之本质也。其有特性也,正其所以为具足,而不得谓之缺陷。自伦理之本意以渐消失,而接近于法律之范围,乃始有整齐画一之动作焉。

凡训诫道德之人，于各人之特性，宜视普通性为尤重。盖特性者，人之资禀及性癖所托，而普通法则未有顾及性癖者也。夫人者，各持其特别之资禀，以应外界之事物，各本其特别之性质，以与其在社会之地位相习，则常欲求有特别之道德。而于他人之判断，与其良心之源于最高道德之观察者，皆有格格不相入之势，此其至易见者。夫然，而康德之严格主义，最足以矫其枉。康德之主义，务使感官之意志，隶属于普通之法则，此诚各人实现最高道德之肇端也。夫实现最高道德之事，得以基督教典之言形容之。盖不谓之法则之解释，而谓之适应也。然道德非以适应命人，观上文而可知，道德者，特指示普通法则而已。若本此法则而用以适应于特别之事，则各人之良心及知识所职也。然各人亦不免有待于指导，故必有训诫道德之人，犹之吾人之于卫生术，亦不免有需于医生也。不惟此也，精神之生活，比于身体之生活，其情事更为复杂，其问题更为纠葛，其相需尤殷，而其障碍亦愈多，好恶喜惧之情，参错混淆，又更甚焉。古之人，于摄卫身体之道，常任其良能与习惯，而独于精神生活，必禀承于专门研究多方经验之教士，诚重之也。而观之今日，则医生之数与年递增，而训诫道德之人，则日形其少，岂人人重身体而轻精神乎？抑欲以医术补精神之阙乎？将由思惟感觉日益复杂，而摄卫精神之职分，竟无由而胜任乎。

然更端而观之，则道德哲学之规则，实有不能普及之征。盖所谓人类普通之道德，属于理性之实现者，虽人人可以想像之，而卒未能有实行之者也。道德哲学家之感觉及思想，不能蝉蜕于其民族其时代之外，而反不免为其所规定，其故有二：一则自其幼稚之时，取民族之理想以渐构为自己之理想者；二则彼其善恶之观念，终不能不受时代之制限。此为十八世纪之合理论者所未见及,故皆不免于误谬,即康德亦然。及十九世纪,为历史学时代,则未有置信于人类普通之道德者矣。是故道德哲学最适之范围,常被限于起此道德之文化,而不能超越乎其外。其道德家之明此界限与否,非所问也。道德哲学之职分,惟在为同一文化之同胞,指示其最宜之生活法式,以共进于康宁幸福之域而已矣。

(八)伦理学之所以为实践科学 问者曰:伦理学者,将不惟以其处置实践之方法,而又大有影响于实践之方面,故号为实践科学耶?曰:然。伦理原始之本义,固如是。雅里士多德勒曰:伦理学之正鹄,在实践,而非在讲求也。叔本华(Schopenhauer)氏于其所著《伦理学之发端》,亦持此说,以为一切哲学,皆以学理为正鹄,其以实践为正鹄,务指导人人之行事而陶冶其品性,则自昔为伦理学之职分,而有识者所公认也。盖道德者,非概念所能构,而理性之所断也。道德之不可由教学而成,犹天才之不可由教学而得。故道德哲学之不能使人为高士,为君子,为神圣,犹亦美学之不能使人为大诗人及雕塑、绘画、音乐诸名工也。

然伦理学者,决不可以此而沮丧其意气。伦理学最要之职分,在贻人以关于行为之知识,即所谓何等之行为,必与其外界之事物及方向有何等关系,且于小己及社会之生活状态,有何等影响者也。夫人之知识,本皆有裨于其行为,则夫伦理学之知识,何独不然。医师说清洁之适于康健,过饮之害及神经,则因而勤洗涤、戒沉湎者盖多有之。然则道德家所阐行为与利害之关系,何故而无影响于人类之动作耶?人苟于怠惰、忿怒、轻率、猜忌、诈伪诸恶德,知其足以为生活之障碍;又于慎重、恭敬、节制、正直、亲睦诸吉德，知其足以裨生活之发展，安能无加损于其意志耶？夫意志固不能全决于知识，彼其资性、教育、习惯及外界之成例、若毁誉，皆有左右意志之力，然知识之有助于意志，则亦未有能反对之者也。

伦理学之所以有裨于躬行，在能使吾人于人生正鹄之所在，不惟口说之，而实心领之也。不知康强之益者，虽有医师日说以卫生之术而无效；不知道义之乐者，虽有道德哲学家，日聒以伦理之要，亦必无功。然使其一旦解悟，洞见人生正鹄之所在，则安知其不翻然悔改，遂去恶从善耶？难者或曰：此宗教家之所有事，而非道德家之职分也。然吾抑不知宗教家与道德哲学家果若是其不相谋耶？使宗教家无伦理学之知识，则无以尽其职，道德哲学家历举人生动作与苦乐之关系，虽无演说宗教之形式，而亦乌能无裨于躬行耶？

难者或又曰：道德哲学者，非特无益于躬行，而反贻之以危险，何则？人之由道德也，循良心及习惯之势力而笃信之、服从之耳，必探究其原本，及意义，及价值，则信仰之力杀矣。余曰：是又不然，凡探究之为，非生于哲学，而实为哲学所由生也。人之情虽欲避探究而不可得，如遇一行事，一判断，而欲辨其得失是非，势不能不探究其原理。道德哲学者，循此探究之趋向，而为之阐明其原理云尔。不宁惟是，阐明此等原理，在今日尤为当务之急。近今社会心理，日趋革新，几欲举往昔所持之天命主义而悉扫之。此其趋向，征之各种事务而无不然，如尼采(Nietzsche)之说，欲尽革青年时代之见解；社会主义，欲悉改国家及社会之旧习。此其最铮铮者矣。当今之时，无论其为思想，为道德，为生活之法式，一切舍旧而谋新。至于宗教之权，与夫古昔之传说，人人视为弁髦。此由受太过之压制,忽反动而为怀疑派。其主观之思想,遂溃裂而四出,实往昔学而不思之学派,及有信仰而无诘难之教会,所激而成之,是为开放时代之特征。昔之开放时代,尚已,而今乃复见,其始袭于少年,今则渐波及于普通人民。彼等厌忌往昔之思想及生活法式,为以盲导盲,必欲以其独立之意见别辟世界,此实彼等自由之权利也。自由思想,自由生活,本人生第一之权利,而亦第一之义务也。盖精神界最贵之特权,固未有尚于自立者也。而自立之精神,在其思想之自由,而不倚于豫定之见。伦理学之问题,则所以使陷于怀疑派之人,得于生活之正鹄及职分,得一自由探究之基础而已矣。

本　论

导言　关乎纯理学及心理学者

余于本论之端，先述余平日所持纯理学及心理学之见解如左：

（一）吾人之实际所恃以表现者，有两方面：其一，外界之为感官所见者，是谓物理；其一，内界之为意识所见者，是谓精神之生活。

（二）两方面之实现，本非异域。精神生活之进化，在外界有与之相当者。物理之进化，在内界亦有与之相当者。

（三）有形之物，皆精神生活之现象及标识，而精神生活，则不外乎实际之表现也。

（四）精神生活之直接者，即吾人内界之生活、具于有生之初者也，其现象则为吾身。

（五）吾身以外，各种之精神生活，皆以吾身之形状及动作比例而得之，惟人类知识之精密，始足以语此耳。故精神生活，与人类进化史一致。

（六）统一切精神生活而言之，是谓神。神之实际之全量，超于吾人知识之外。强以吾人精神生活最高之形式及内容，拟议而道之，于是宗教家之拟人论起焉。（拟人论者，拟议神之言动如人然,如基督教所言造物主之类是也。)

(七)精神生活,亦有两方面,意志及知识是也。意志之动,为冲动,为感情;知识之动,为感觉,为知觉,为思惟。

(八)以生理学之进化史考之,精神生活之根本,实在意志之一方面。盖意志者,不待有正鹄及作用之模象,而能以无意识之冲动规定生活者也。其在智力,则属于第二级之进化,犹生理现象之神经系统及脑也。

(九)以心理学考之,亦当以意志为精神生活之根本。盖凡生物,皆有一种意向,以一定之特别生活为正鹄者,是为意志之趋向,而即生物内界之本质也。此其趋向,初非由知识若感情,经验于生活之价值而始得之。

(十)意志之进化有三级:一曰无意识之冲动,二曰感觉之欲望,三曰理性之意志。而其意向,则通三级而以小己及种族之保存及进步为鹄者也。

(十一)意志原始之形式,即无意识之冲动也。由无意识之冲动,而现于意识中,则为有意识之冲动。吾人若增进其生活之动作,而有以餍其冲动,则快感随之。若障碍其动作,而逆其冲动,则不快之感随之。

(十二)感官之欲望,即冲动而伴以动作之模象者也。欲望之前提,为智力发展之一程度与夫意志及模象之交错,而欲望之餍足与障碍,则亦有快与不快之感随之。

(十三)理性之意志,即欲望而被规定于人生正鹄之思想,若原理,若理想者也,亦谓之狭义之意志。意志进化,以此为最高之形式,亦犹智力进化,而达于理性之思维也。生活理想之实践,即以意志身体为对象，其本体及形状及动作能合于理想，则满足之感随之，不合则不满之感亦随之。

（十四）吾人既有理性之意志，而其所基之自然意志，若冲动，若欲望，势不能寂灭也。于是理性之意志，任评判之选择之之务，此评判选择之务，谓之良心，理性意志之能力，所以训练下级意志而培养之者，谓之意志之自由。循是道以管辖内界生活之实际，谓之人格之实际。

（十五）意志与感情之关系，其始至密切也。各意志发动，而感情必随之；各感情发动，而积极或消极之意志亦必随之。意志及意志之方向，若状态，皆在于感情及感情表现之中。或以感情为因，意志为果，谬矣。

（十六）精神界进化，而意志与感情之关系，乃与前不同。意志之规定，或不关于感情之发动。吾人当计划一事，或决定一策，常有不顾感情者，且有反对直接之感情而为之者。至于特别之感情，如关乎美术者，虽未尝不含意志之分子，而要不能谓之意志之冲动也。

第一章　善恶正鹄论与形式论之见解

（一）善恶之见解之别　伦理学之思想，何自生乎？曰：生于两问题。其一曰，道德价值之差别，其究竟之基本何在乎？其二曰，人生研究之正鹄何谓乎？此两问题者，常诱掖富于思想之人，而使就伦理学之途径者也。前之一问题，由于道德界判断之职能而出，后之一问题，则由执意及行为而起也。

第一问题之答案，有相反之两见解，正鹄论及形式论是也。正鹄论之见解，在求行为及意向之性质，视其影响于小己及社会之本质若生活者如何，而以为善恶之区别。其于人类之本质及生活，有保存之发达之倾向者，谓之善，其或有障碍之破坏之之倾向者，谓之恶。形式论之见解，则不然。彼以为道德界善恶之概念，不关于行为之效果，而出于意志中超绝之性质。此其性质，确然独立，而非由他种性质孳生者，近世之康德(Kant)，代表形式论者也，其说曰：凡意志被规定于尊敬义务之意识者，善也。其被规定于反对义务之意识者，恶也。余于以上两见解之中，取正鹄论。

第二问题，亦有多数见解，而可以大别为二：快乐论及势力论是也。快乐论之见解，以为人之意志，无不求快乐而避苦痛，故快乐者至善也。势力论之见解，则否，以为人之意志，并非以快乐为鹄，而实鹄于客观之生活内容。夫生活不外乎实行，而人之正鹄，遂不外乎生活动作之具体者。

余于第二问题，取势力论之见解。故余所持伦理学之见解，谓之正鹄论家之势力宗。余之所谓善，即所以达于最高正鹄之行为方法及意志决定也。而达于最高正鹄者，谓之安，即有以完成其生质及生活之动作者也。

余将于次之二章，述余所以持此见解之故。先即上文所用之学语而定其义，如左。

自昔学者恒称正鹄论为功利论，余之所以定名为正鹄论者，以功利论之名，其造语时本不免有误点也。此语本起于边沁(Bentham)学派。约翰·穆勒(John Stuart Mill)于其自叙中，言用功利论之名自己始。然则此语自创用时，已与快乐论有不可离之关系。而世之论者,遂以余论与快乐论同年而语之,此余所以别用正鹄论之名也。且用正鹄论之名又有一利,则余所谓伦理学开山柏拉图及雅利士多德勒之世界观,常得因正鹄之名而联想之。盖二氏之见解,以为一切实在、一切人类之在宇宙,各有其职分,是即伦理学中根本之直觉。而伦理学之种种问题,要不外阐明此等职分,与夫由是而生之生活状态及生活动作也。

势力论之名,亦余所创用,以示反对快乐论之意。所谓意志之鹄,不在感情之内容,而在生活之动作也。此语亦本于雅里士多德勒之所谓势力云。

余之以至善为安者,以其得由两方面形容至善也。一则至善者,即客观之生活内容,由人类精神能力为完全之动作而成之。二则此等生活之内容,其主体常有快乐之感随之,故知此等快感,即含于具足之生活内容,而不在其外也。

(二)正鹄论见解之意义及权利 世人普通之见解,多近于形式论,以为行为之善恶,不在其效果,而在其原本之性质。其在道德界价值之区别,亦观其意向,而不论其影响。如福音书所载撒马利亚(Samariter)人之慈悲,其于被盗之旅人,不但不能救助,而反误害其生命,然而无损于道德之价值也。又有诽谤人者,或反以彰被诽谤者之懿行,而自丧其信用,其效果可为至良,而诽谤之为恶德,不以是而变也。

余答之曰:事诚如是,然此不足以难正鹄论之考察法也。正鹄论所以判定特别行为之善恶者,不在其事实之效果,而在其行为之性质有可以生何等效果之倾向也。诽谤之性质,含有可以毁人信用及名誉之效果,即偶有效果相反,如上文所述者,此自有特别原因,如闻者之良心及慎重,及具有洞悉人情事故之知识,而决非诽谤之性质所固有,是即雅里士多德勒所谓诽谤者善果之偶因而非其真因也。故道德者,不在其事实之果效,而在其行为之性质所应有之果效也。物理学中研究重力之自然律,非取实际变化无量之降下运动而悉该之,盖仅言重力,固未足以赅物体实际运动之各规则。然物理学固无害其为研究重量之规则也。医学中之研究药剂及毒物,常规定其性质所含之效果,然当其特别之时地,则常不免有多数之原因,能变化其效果,或薄弱之,甚且有与其本质相反对者。药剂及毒物之价值自若也,道德亦然。惟研究行为性质中所包含之倾向,而其实行特别生变化无量之效果,非所计也。故伦理学若专为规定诽谤之效果,则第问其及于人类之影响,而已可决其为无价值。由此例推,则如慈悲者,亦以其性质本在救人之不幸,而保存其生活,或又增进之。故得而决其为善也。

或曰:是果无误耶?慈悲者,不问其效果如何,而本体必善耶?狠戾者亦不问其效果如何,而本体必恶耶?然则如撒马利亚人者,不能救遇盗之人,又或有救人之心,而卒为贫病所困,高卧室中,将仍不失为慈善家耶?余答之曰:然。虽然,是固与正鹄论之见解,非有所矛盾也。于是时也,其行为外界之效果,诚不可见,而要其倾向则自若也。此其所以为善也。然或又辨曰:吾将设一人类性质本不能救助他人之境界,如使居此行星之人,能见他种行星中居人之灾厄,而无所施其救助,当是之时,苟有同情,尚足以为善乎?彼其同情,直无益之情耳,不过于彼苦痛者之外,别增一我之苦痛耳,是诚不如不见彼苦痛者之为愈也。而持正鹄论者,将犹以彼之同情为善乎?余答之曰:然。于是时也,彼于不知不识之间,固以为苟得近彼行星而救助其居人之灾厄，则诚慈善之行为也。夫学理之科学，尝亦有类是者。吾人常不免举豫想中至正至信之关系点，度外置之，而自陷于误谬。如人皆曰：星辰有光，若以光为星辰特占之性质也者，然人若一用认识论之思想，则知星辰之光，自有一关系点之豫想，即吾人能感觉光线之目是已。世人或又言，人类虽尽瞑其目，而星辰必仍灿烂。余答曰：然。虽然，是亦由再开其目，而仍见有灿烂之星辰，故云尔耳。使其一瞑而不复视，则又乌有所谓光点耶？行为亦然。使人类意识，无互相影响之能力，如拉比尼都（Leibniz）所言之元子，各各独立而无交感之作用，则夫慈悲为善、狠戾为恶之说，全无意义矣。

（三）主观形式之判断与客观质料之判断　反对者或尚进而难余曰：事实决不如是。道德之判断，关乎意向，而不关乎行事。行事之动机善，则其意向之善可知也。盖其意向，苟发生于义务之意识，则内容及效果，皆可不问。如康德所谓自一切善意外，别无所谓善者，是也。

余曰：此言亦非无理。盖道德界之判断，固必先意向而后行为也。凡人即一行为而定其道德之价值，则必先究其行为何由发生，而后问其动机。有医于此，为人抉疡，而患者因以致死，舆论断之曰：彼歆于利而强为之乎？曰：否。患者甚贫，非能厚酬之也。然则彼殆骛虚名而妄为之乎？曰：否。彼尝屡试其技，而奏其奇功，而兹则意外之变也。然则彼或轻心而为之乎？曰：否。彼终日踌躇而后毅然为之，以为此冒险之举，实医者之义务也。如是，则其人之行事，以道德言之，盖无可指斥者。

虽然，犹有进，彼之抉疡，以医术核之，果无误乎？此医学专家之事也。使据医学专家所见,彼以此时,施此险术,自足以致患者之死,则其人虽居心无他,而要不得辞其咎。于斯时也,所以判断其善恶者,不在其意向,而在其效果。惟所谓效果者,不在其实际所表见,而在其行事之性质所应有者耳。

吾人又有不可不致意者,则于一行为之评论,常有二方面是也:一为人格之评论,以主观之形式为对象,而关于其人之意向;一为本事之评论,以客观之质料为对象,而关于其人之动作。前者专问其动机如何,后者则专问其行为性质中应有之效果如何也。

此二种评论,本各自独立,而易生反对之结论。常有某某行为,以事实论之,不无谬误,而以人格论之,则全为无罪者。如克里斯披奴斯(Crispinus)尝盗人皮革,为贫者制靴,果将以克氏为盗乎?是必不然。克氏初未尝为己而妄取于人,特见贫儿赤足立雪中,意大不忍,遂盗富商皮革以救之。盖克氏固守盗窃之戒者,其甘犯绞刑而为此,诚为不忍人之心所迫耳。克氏且以为彼守钱虏多蓄皮革,置之无用之地,而坐视他人之寒,适滋其罪,余今盗之以饷贫儿,安知非天父之命,使余为守钱虏赎罪者耶!夫是以盗之而不疑。然则以主观之形式评之,克氏本于良心之命令,牺牲其身,以济他人之厄,其意志之善,无待言矣。

虽然,行事之评论,不能限于此一方面,以其行事之本体,亦当为评判之对象也。由行事本体而评之,则不徒问其为果否善意,而尤当问其为果否善行。世亦多有意善而行恶者。如克氏之事,以客观之事实评之,不能免于盗窃之名,何则?不经物主之承诺,而私用其物,非盗窃而何?凡此类行事,无论动机如何,而其本来性质,有害于人生之安宁。苟人人以是为口实,谓私占他人财产以行利人之事,则虽不经物主之承诺而无害,则其流弊,有不堪设想者。盖财产制度,由此破坏,人人无贮蓄之心,而人生之安宁,亦不可保矣。故此等行事,实具有破坏之性质,此其所以为恶,而且不免于盗窃之惩罚者也。使当时克氏对簿法庭,则司法官不能不按律处之。即立法者亦不能曲为解免。而附设法文曰:窃人财物以施人者,苟被窃者所损无几,而被施者获益良多,则不论其罪,云云。盖盗窃论罪,至为允当,非可以他故解免。惟按其情状,而量为轻减,则可耳。在司法官既按律论罪,则又不妨以私人资格,就其人而告之曰:余之论罪,余甚不忍,余明知君之行事,悉出善意,而事实则害于社会安宁,势不免为有罪,君当知余之论罪,实出于不得已也。如是,则情理两得其平矣。

历史家之评论,亦常有类此者。如罪其事而不罪其人,或罪其人而不罪其事,是也。请援一事以为证,昔刺客山德(K. L. Sand)之暗杀科次布(Kotzbul)也(德国千八百十九年之事),据其手柬,及其友人所述之证据,诚牺牲其身以去国民之公敌也。然以客观之方面论之,则其暗杀之举,不得谓之无罪。何则?充其义,则人人有裁判他人生死之权利。有一人焉,吾视为全社会之害,吾得而擅杀之,则保障权利之法,为之瓦解,而世界大乱矣。无论何人,即或有官职者,苟他人以其人为社会之害而擅杀之,谓足以增进社会之幸福,非余所能解也。余以昔之法吏,处山德以死刑,实为至当。即往昔宗教监察官,往往大索异教徒,而处以死罪,彼其心非必以他人之苦痛为快,盖本其履行义务之习惯,以为杀少数异教之徒,可以使全国民人无惑于邪说,实不得已而为之。故自主观之一方面而论,则与论死山德之法吏,同为无咎。惟其行事,则有当别论者。盖自吾人观之,取异教徒而尽死之者,实无裨益于社会也。

不知主、客方面观察之异者,论人评事,动生纠葛。不慊于其事者,辄因而诋其品性,如以中古之宗教监察官为暴虐,以山德为好名者,是也。其或能知其品性之无玷矣,则又举其行为之瑕点而亦袒庇之。历史家准道德以为褒贬者,大率类此。如评论一事,则必推测其有何名义,有何动机,以诱掖读者爱恶之感情者,皆是也。

客观之判断,实具有正鹄论之基础,以其甄别行为方法之价值,于生活状态,大有影响,故也,伦理学之职分,在规定客观之行为,而非在判定主观之品性,偶有判别动机及意向之事,然非科学分内事。即所以定此等判别之原理者,亦非科学分内事也。即欲强纳之于职分,亦不过一小部分耳。夫所谓判定主观品性之原理者,谓行为之发生,由于义务意识所规定之意向者,谓之善,否则谓之恶。然则仅言顺良心者为善而逆良心者为恶已耳。良心之内容如何,非所问也。而伦理学之研究,不能以此自画,必进而求之。义务之实际何谓耶?此伦理学家所不可不解释之问题也。仅仅研究其特别之范围,伦理学无由而成立。伦理学之职分,不惟教人人各从其良心,而实在指导良心。故所以规定良心之标准,不可不揭示也。由是科学家之伦理学,不能如神学家之伦理学,援不可思议之神意以自遁;而又不能如海尔巴脱(Herbart)及罗次(Lotze)之伦理学,不循科学公例,惟以一切条目归宿于适合之法式,而以一己之良心为人类良心之标准。然则如何而可?则必由客观之标准,而定良心之内容。客观之标准如何,则以至善为中心,而各种行为,视其与至善关系之疏密而定其价值,是也。

要而言之,即主观形式之判定,亦不能不归宿于正鹄论。盖行为之从良心而守义务者，谓之善，是主观形式论之中坚也。然何以从良心者为善乎？在人或以此为无谓之问题，而余谓不然。盖所以答此问题者，即从于良心之行为，乃客观方面之所谓善也。何则？良心之倾向，在规定吾人之行为，使吾人及其外界之安宁，皆赖此而有保持增进之效者也。人之性癖，虽不能无殊别，而良心则一民族中人人有同度之状，故行为之被规定于良心者，有适合普通规则之性质。不宁惟是，吾人良心之内容，悉由所属民族之积极道德，借教育、事例、清议以输入之者。而普通道德之内容，亦不外乎一民族或全文明社会之道德法律而已。据人类学家所考察之结论，凡所谓道德者，各人交际之良能，所以使其行为能维持小己及社会之生活者也。是故良心者，吾人以自己最深之生趣，及其所附属社会之生趣，规定吾人行为之原理云尔。吾当于第五章详言之。

读者既通览前文，则可知正鹄论势力宗之原理，当如下：曰，客观行为之价值，视其关系于至善之疏密而定之。服从良心之意志，亦视其标准至善，以规定行为之动力如何，而定其价值焉。

（四）正鹄与作用之关系　余将进而论至善之内容，先举反对派数说而答辨之，如左：

难者曰：正鹄论势力宗之原理，非即耶粹登（Jesuit，此为中世天主教之一派，盛行于西班牙，其略吕宋等地，皆由此教派之力，其言行颇有可斥者，今已废而不行）。教徒所谓正鹄神圣作用之言乎？行为之价值，既视其效果，则夫各种之行为，不皆视其效果以为价值乎？余答之曰：耶粹登教徒之道德，所谓正鹄能神圣其作用者，本有二解：其一曰，正鹄既善，则无论为何等作用以达之，其作用无不为善也。果尔，则虽不正非义之事，无一不可以为善耶？例如为身家积财,正鹄之善者也,吾不惟勤业以达之,而且可以窃盗;为朋友讼冤,亦正鹄之善者也,吾不惟正言以争之,而且可以伪誓。此等解义,实往昔反对耶粹登教者所用,彼以为耶粹登教实以此义为圭臬,故彼教以扑灭异教而申教皇之权为正鹄,则虽杀戮异教之君主,不履盟誓,皆可为之云尔。然彼教固未尝以此等猖狂之言,为其道德之原理也。

吾人若于正鹄神圣作用之言,别为解义,谓人生归宿之正鹄,能神圣一切作用,则又谁能反对之耶?盖行为之价值,定之以至善。至善者,人类具足生活无二之正鹄也。苟吾人行事,不失此鹄,则必有善而无恶,而且至为重要。此其义,自一二回护成见之哲学家外,举世之人,未有不认可者也。惟聚讼之点,不在普通善事,而在各种之行为。盖正鹄不失,则虽与普通道德相反之事,亦不失为善事。苟明其义,则未有不以此类行事为善者。虚伪,非善也,虚伪而有益于人(如父为子隐,子为父隐之类),则不能以欺诈斥之。占他人之财产,非善也,然使其无害于主人,无损于公司,无伤于他人,而或且用诸裨益社会之事,则不得以窃盗罪之。医者之治疾也,或以救一目而去其他之一目,或以救全身而截去其一手若一足,则不得以残贼目之,孰非正鹄神圣作用之理乎?又如有归自外国者,夙染疾疫,不可救药,彼以恐传染国人之故,而属医生以毒药死之,医生果如其属,则以法律衡之,医生不免为有罪,盖杀人者抵,律有明文,不能为一人枉也。而衡之以道德,则此医生所为,乃无异于官吏之戮贼渠。盖杀一人以益社会,其功用正同也。使必以杀人为绝对之恶事,则虽有国家法令,亦不能一旦变恶而为善,如黑白之不能变乱矣(言如是,则法令中亦不宜有杀戮罪人之例也)。

或曰:然则欺诈杀人等事,苟确知其有裨于社会之公益,将悉认为善事乎?吾侪不得即答之曰:然。其故有二:一曰,语意之矛盾,凡杀人欺诈等语,不惟指称客观中有意杀人有意欺诈之事实,而并含有摈斥之意,故所谓杀人为恶者,分析之评判也。此其评判,又可以应用于法律道德所不认为恶之杀人者也。而欲为纯粹之评判,则必于其杀人之语意中,去其摈斥之意,而专以客观中有意杀人之事实,为评判之对象。如是,则其中之可以为善者自见。不宁惟是,且得著之法令,而强人实行之焉。然而普通之人,则自非正当防御之际,不得杀人。苟有杀人者,不问其所杀之为本国人或外国人,皆罪之,盖所以保社会之安宁,诚不得不然也。

或曰:然则吾人苟以保维社会之安宁而杀人,岂非善欤?答曰:欲认可此等行事,仅以社会安宁之关系为断,未足也,必加以客观中必不能有反对之效果。于是吾人揭不敢悉认之第二故,曰:正鹄神圣作用者,在学理虽若可据,而在实际则不能应用之,是也。例如以一私人而刺杀误国之奸臣,若作乱之渠魁,若暴虐之君主,是岂非问者所认为有益于社会之安宁者乎?然其裨益于社会之效力,大小轻重,实无从而决算。方拿破仑第一以帝制临欧洲,谋杀之以解欧人之倒悬者,盖不止一二人。向使千八百八年间,在欧夫(Erfurt)谋杀拿破仑之人,竟达其志,果能有大造于受压制之人民若人类全体乎!其时多数之人,尽作是想。而吾侪自今日观之,则转幸其志之不遂,而得使欧洲人民,以堂堂正正之战争,得自由也。且使拿破仑果毙于刺客之手,不但此等事例,使数百年间道德之评判为之淆乱,而国民之关系,受其破坏之影响。且德国人民,亦何由愤激淬厉,以恢复国民之意识,而成中兴之业乎?要之一事例之效果,实非吾人之智力所能证明而决算也。

或又曰:使当拿破仑未逞暴力以前,有刺杀之者,不惟百万生灵,免于战祸,而且神圣同盟,可以不起,今日欧人所疾苦之国家主义,亦无由而发生,非吾人之利福乎?答曰:此其利害得失,亦无从而决算者也。如人人以师丹(Sedan)之捷,为德国国民之大幸,未有能证明其故者。吾人惟信其为然而已。凡信以意志为本,物理学不能举尚未静止之一冲突,而决算其影响之大小。道德哲学,亦不能即客观特殊之一事实,而决算其于人类正鹄中所占有价值之分数。以其影响之所涉,溥博悠久,无自而区画也。是故吾人所得研究者,在物理学,止于普通运动之趋向。在道德哲学,亦止于某种行为有增进幸福或破坏幸福之趋向而已。

然自又一方面观之,则亦非无特别之事,如毒物之可为药品者。此等事例,道德界有之,政治界亦有之,凡政治家及历史家,皆以为不得已之时,自有不能不干犯形式之法律以行其志者。然如置身党人以外,而以学理静判之,则所谓某某革命万不可避之故,亦无自而得其确证,惟人人信以为然而已。凡干犯法律之流弊,本非吾人所能决算,革命之业,常使一切法制,解散其效力,轻损其威信。然其实见于何时何处,则非计算所能罄。盖犯法之弊,其影响恒数百年而未已,酿成一种习惯,使法律效力,无自而确定也。夫善果恶果之总量,既不可决算,则所谓善果多于恶果者,决不能于客观界确定之,甚明。违犯道德之举亦然,自当有不能不违犯之时,然吾人不能于客观界证明之。盖比较善果恶果之数量,而证明其善多于恶,势非吾人所能也。惟是干犯规则者多危,而遵守规则者恒安。以安身为志者，必非豪杰之士，历史中惊天动地之举，率皆不为法律道德所囿，以尽瘁于其理想之人之所为也。

世人于正鹄神圣作用之语，所以不能无疑者，盖泥于直接之效果，而忽于间接之效果故也。如政党欲其党人之被选为议员，则诽毁反对党之候补者，曰正鹄神圣作用也。君相欲肆其威权，以为苟利于民，虽欺诬之，压制之，何害！曰正鹄神圣作用也。宗教家欲自伸其教派之势力，则举异教徒而虐待之，污辱之，曰正鹄神圣作用也。凡此，皆党人以其私意牵强附会而解释之，以自利其党耳。党人之道德，恒以己党之利益，与国民若人类全体之安宁，同日语之，以为己党之所为，无一不然。夫如是，虽天下至不道德之事，亦何不可以谓之道德耶？

（五）论各种行为之重要　世人又有怀疑于正鹄论之道德哲学者，曰：自实际之道德感情言之，往往视各种之行为悉重要无比。苟道德律之不可蹂躏，仅以其行为之效果为断，则何以罪恶之中，乃有效果甚小，而当局者若旁观者，对于其事之感情，顾异常剧烈者耶？沛斯太洛溪（Pestalozzi）之著作，尝记一事，云一圬者，家奇贫，有子数人，不得食。其长者窃邻家马铃薯炙之，与诸弟共食。其祖母濒死，知其事，大戚，白其孙之罪于邻人，得其认容，乃瞑目。读者或以为其祖母之行为，虽适合于道德，然其感情之剧动，与其孙之罪，若大小悬绝者。邻人既富，虽失少许之马铃薯，何关痛痒。以幼儿窃取此物，而谓财产制度为之紊乱，亦未免杞人之忧，云云。夫使泥于行为之效果，则将使此等评论，普及各种行为，其弊也必妨道德律之威信，而世人畏罪之情，为之减杀矣。

怀疑者之见如此。夫人当违犯道德律时，其感情反动如何，当以心理学为之解释,余当于义务论详言之。兹于怀疑者之见,所可致意者,惟所谓感情之反动,并非由较量行为之效果而起云尔。余则以为羞耻悔悟之情,由违犯道德律而起者,其强大无限之故,于正鹄论伦理学中非有所矛盾也。

相传希腊有一贤人,见其子之小过而苛责之。其友询其故,答曰:子以习惯为琐事乎?是语也,可以答怀疑者之诘难矣。盖各种之行为,苟其与他种行为,毫无关系,则诚不妨以琐事视之。其所以重要者,以能诱起同类之行为也。幼儿窃取微物,无损于邻人,亦无伤于他人,其事殆无人顾问,然而幼儿心中,则确有余毒矣。彼记忆方穷困时,曾窃他人财物以自给,他日再际穷困,或不免试其故技,由一度之窃,而成为习惯,有终身以之者。即幸而中道觉悟,不复以此为业,然其盗窃之趋向,已无自而讳饰矣。世有未立志为盗贼者,徒以拯急之故,一试盗窃之技,而此一试者,遂开终身盗贼之端。世未有愿为奸人而始诈伪者,亦未有愿为醉人而始饮酒者,其始皆偶一为之耳。凡嗜酒者,一醉以后,常立志不再醉,其再饮也,亦曰吾姑饮此一杯耳。然由此姑饮一杯之决心,而一而再,再而三,非醉不止。诈伪窃盗之习惯也亦然。是故无罪云者,虽消极之语,而实积极之事也。第一之罪恶,足以破其障隔善恶之壁垒。此证之男女之欲而最易明。无论何人,苟一投情网,鲜有能自脱者。人人以悬崖勒马自期,而临时殆不能自主,所谓始也自由、继也奴隶者,诚犯罪之规则也。虽然,此规则者,亦得转而用之于行善,苟能慎之于始,则第二次犯罪之趋向,已去其半。盖第一次之自克,人所最难,其后以渐容易,卒至行所无事,而自不为恶矣。

凡各种之行为,所以关系道德如是其大者,以其足启各种罪恶之端也。每一行为，不特关系现状，而且影响于全体之生活。故其第一之决行，固最为重要；而第二次以下，亦复与此相当。苟其反复不已，则印象愈深，而习与性成矣。

不宁惟是，凡一种行为，为之者固能蔓延为类似之行为，以成为习惯，而其习惯又能传染于亲炙之人。于是由一人之习惯，而成种族之性质，是其发生，盖有二道：曰摹仿，曰报复。

行事之势力，无论善恶，无不有之，此尽人所知也。譬犹植物种子，由空气传播，散落各地，凡值其所宜之土性者，必乘机而萌芽。善恶之行为亦然。以道德之空气传播之，由人人之耳目而印入于其精神，苟值其相宜之性质，则亦乘机而萌芽，是即摹仿之道也。

至于报复之法，则凡受人损害者，恒先施其法于损害之人，其次则遇无关此事之人而亦妄施之。达尔文（Darwin）尝记一事曰：有一澳洲人，失其妻，无可泄愤，则杀他种人之妻以为偿。此诚无理之尤，而人类之行为，乃多有类此者。受人之侮辱，若欺诈，若压制，而不能复仇，则恒不免迁怒于他人，此吾人所稔知，而务避其锋者也。购物于市，适以贵价而得劣品，则虽廉直之人，亦不免欲按其原值以转售于人，以为公众既已欺我，则我即以此欺公众而为报复，亦正当防御之道也。其于乐事及善意之传播也，亦然。例如余当应付车赁之际，而适未携钱，颇为窘迫，乃有素不相识之人，为余给之，则余不惟感谢此人，而且于其他素未相识之人，亦由是而加亲矣。

行为之传播，以家族中为最剧。事例之效力，报复之确实，均未有过于家庭者。父母所领受，悉报复于其子女，而教育之善良与否,亦未有不遗传者也。

然则吾人无论自何等方面观察之,道德原理,盖未有不以保维人类之安宁及利福为正鹄者也。

(六)略论利己主义　自道德哲学一方面观察之,亦可以补前说所未具。如曰意志所归宿之正鹄何耶?是亦不外乎小己及其他人类之安宁云尔。

亦有反对此说者,谓意志之性质,以小己之安宁为鹄,而非以普及之安宁为鹄,其言曰:人皆自求其愉快若利益耳,其有无损于他人之安宁,殆非所顾也。由是意见而组成学说,是谓利己主义,亦谓之一人之功利主义。霍布士(Hobbes)者,于近世哲学之初纪,代表此说者也。其言曰:凡动物实际之意志,皆以自存为鹄,此自然律也。故有利于动物自体之实际者,善也。其利于其他之实际者,要亦间接自保之作用,是间接之善云尔。

余以为是说也,苟欲以事实证明之,恒不免牵强附会。利己心之冲动,以自保为鹄,诚人生所不可少者,人亦未尝无偏重利己而无暇顾他人之休戚者。然无论何人,有但知一身之利害,而不知有他人之利害者乎?人恒有视其亲戚朋友之利害,若躬受之者。且吾人关切社会利害之情,固有显而易见者,如于卖国自利之人,无不愤激异常,是足以见其事与吾人之良知,固绝不相容者矣。吾故曰:人之意志,以小己及他人之安宁为鹄,而安宁之属于小己者与属于他人者,其间错综最甚,无论何事,殆未有不两两相关者。故所谓博爱家者,乃偏重利他主义之人。而所谓自利派者,亦不过偏重利己主义之人耳。

吾人意识之中,小己之刺激与社会之刺激,利己之感情与利他之感情，常杂然而并存。故人者，非能离群而索居者也，必列于全社会之一体，而后可以生存，此生物学界昭著之事实也。生物学界客观之事例，发现于心理学之主观界，而为意志及感情之构造。不观动物乎，其自存之冲动，固已与保存种族之冲动并存矣。

动物进化而为人类，则保存种族之冲动，益以强大，凡人无不自认为全社会之一体，无不自认为属于家族、若社会、若国民者也。故人恒以社会之正鹄为小己之正鹄，诚知小己之利害，与社会之利害，互相错综，而无由界别也。由是吾人意志之正鹄，可谓之小己与社会公共之安宁，亦可谓之社会安宁中所赅之小己安宁也。夫世界诚亦有全无利他感情之人，于旁人之利害，熟视无睹，甚且有以他人之苦痛为乐者，然不足以摇动吾说。是犹人类有理性有言语之公理，决不以世界偶有颠狂之人，而遂为之摇动也。人之无利他感情者，为伦理学之畸人，亦犹颠狂之人，在医学及人类学为畸人云尔。

利己主义与利他主义之反对，余将于后章规定安宁概念以后畅论之。兹惟明余之意见，非若当世伦理学者于此两主义之反对，特别重视而已。叔本华氏及其徒，以此义为道德哲学之基础，其言曰：自然之人类，有利己性而已，故无道德之价值。道德之价值，必以他人之利害为其行动之动机者也。而此等动机，必非循自然秩序之人类所能有，故道德者，超乎自然者也。余以为不然，吾人所生存之世界，宁若是其污下者。所谓善意，固亦存于自然秩序以内矣。惟厌世派如叔本华之流，则以善意为超乎自然耳。叔本华尝曰：自然之人类，如必不得已，小己之生存与世界之生存，不可得兼，则必以自保为第一义。而世界之灭亡，有所不顾。夫危机所迫,急不暇择,或不免有作此妄念之人。然使世界果灭,而吾身果独存乎?则将不堪其无聊,鲜不转悔其取舍之误,而求速死者。斯时即利己主义之人,亦知离群索居之不堪矣。凡人之欲为可惊异、可恐怖、可欣羡之事者,无不有待于他人,不惟有待于他人,且亦知无论何人,未有全漠然于他人之利害,而徒能拂人之性者也。

小己之安宁与他人之安宁,互相错综,小之家族朋友,大之乡党国家,苟他人不安,则小己亦无自而安,此大多数之人所承认者也。此不惟客观之事例而已,其在主观之感情亦然。若夫纯粹利己主义之人,则学说中虽有之,其实际则不可得。盖皆利己派伦理学者,虚构是人,以证成其谬说焉尔。

自一方面言之,利己感情,为人生所不能免,虽所谓全无利己主义之人,而所以利他者,即为知有利己之证,盖使人去苦而就乐,则己亦因而踌躇满志焉。如曰不然,则将瞢然于他人之苦乐,而无以为其意志之对象。盖我之意志,非由我之感情不能动,而我又不能代表他人之感情而有所感动。然则小己者,确为事物之中心点矣。惟世人之所谓利己主义,则非指此义。彼盖谓见他人之不幸而不为之悲,见他人之利福而不为之乐者耳。抽象派伦理学者,以自然意志之自相冲突,为义务实行之特质,又以屏除自己快感,为道德价值之条目,往往见奖励他人幸福者,恒有自己之快感随之,因而挟疑于其间,要为彼等回护其学说之谬见,而于事实之解释无关也。

又有当附论者,世人恒谓杀身成仁之事,非功利论之道德哲学所能阐明,如所传罗马人列格路(Regulus)之轶事,即与功利论之主义,不能无矛盾者也。

虽然，吾人苟不以纯粹之利己主义为功利论之中坚，则亦未有所谓矛盾者。原列格路为迦太基人所虏，及两国媾和而释之，及其归罗马也，痛陈和议之非计，使罗马人背盟宣战，而己则束身赴迦太基，从容就死。此其事，在正鹄论之伦理学，优足以阐明之，无异于形式论之伦理学也。列格路之就义，确有高尚伟大之正鹄，盖既欲以舍身为国之义，模范其国人，而又欲以罗马人高尚伟大之品性，昭示于敌国也。如谓仅恃区区盟约不渝之意识，而能成此伟举，则余所未敢信也。

且一切杀身成仁之事，亦皆含有保存小己之义，即所以保存其观念中之小己者也。彼列格路何尝不以生活为鹄，惟其所鹄者，非形质界之生活而精神界之生活耳。其效力国家，无论和战，必鞠躬尽瘁，死而后已，固以为非使罗马民族品位崇高，名誉发扬，则已之职分固有所未尽焉。此其所以与罗马民族之名俱不朽于千载者也。

（七）结论　凡人之动作，苟自客观界言之，能增进人我之幸福，而有达于具足生活之倾向。自主观界言之，又有自尽其义务之意识，则道德界之所谓善也，反之则为邪恶。仅缺客观界之特质者谓之恶，而并缺主观界之特质者谓之邪。

然在人类，则所谓善恶者，即以其客观界特质之有无为断，德与不德，亦由是而得以善恶种种之方面阐明之。盖人类生活之条目，既有种种，则其与之相当之意志力，必随之而复杂，德与不德之复杂，亦如之。

是故善之概念，乃豫想各种事物中，有一可以为善之关系点而得之。人之恒言，于物品以适用者为善；于人则以能尽其职分者为善。例如善商、善吏、善父、善友云云者,谓其能尽商吏若父友之职分云尔。道德界亦然。所谓善者,即某事适当之谓;所谓善人,则能尽人类职分之人之谓。此皆即其关系之一点而言之也。是故以某事为善,并非域于某事,乃以其为全社会具足生活之一方面而善之。惟各种之行为,各种之道德,各种之人,皆各有其善之关系点,合此诸点而成为职分,能尽其职分而后谓之善人焉。

又有当附论者,人类之在道德界,各为全道德界之一体,则即各为至善之一部分。苟与不相关系之正鹄相对而言之,则至善之一部分,亦即我之正鹄者也,惟德亦然。凡德各为善人之一方面,故与不相关系之正鹄相对而言之,则亦不但为外部之作用,而又为至善之一部分,即又为一种正鹄。是故道德之行为,既已实行,则亦不但为具此作用,而又可谓之达此正鹄矣。试以工艺品及诗歌证之,其中各部分,且为作用,且为正鹄。道德之各部分亦然。故无可专指为外部之作用者。然自最终之正鹄而言之,则工艺品也,诗歌也,道德也,皆在其全体,而各部之价值,则由其与全体之关系而得之者。如吾人读诗歌而知其一节之重要者,以为全篇所不可缺是也。然则德与义务之所以重要,岂非以其于小己及全社会之具足生活所不可缺者乎?

惟是吾人之动作,非必有此正鹄之关系于意识中,而始有道德之价值。如前文所述,老妇畏忌盗窃之事,彼徒以其背于基督第七戒耳,非有他理想也。然其事实,则䜣合善意,维哲学家洞悉人类生活之规则,财产制度之重要者,亦无以过之。要之彼之所为,非由知识,而由其良能,然其于道德之价值,固不以是而贬也。

第二章　至善快乐论与势力论之见解

（一）**评功利主义快乐非行为之鹄**　既有前章之论，则余当进而规定安宁之概念。安宁非他，即余所谓意志究竟之正鹄，而亦评判人生行为之价值者所持以为究竟之关系点者也，故亦谓之至善。然则安宁也，至善也，果何由而成立乎？

余不尝言之乎，至善之对于一人若全社会也，由其本质状态及生活动作之具足而成立，此其纯然为形式之规定，所不待言。然由此形式而充之以内容，则亦非不可得为之事。惟是具足生活，吾人势不能猝下定义，如动植物之模型然，惟叙述之而已。而详悉叙述之者，德论及义务论之职分也。

余今即至善之本质，先述他一种见解，以与余说相比，而后详密规定之。盖世有一种学说，视余说较为广行者，其言曰：至善之成立，不由客观之生活内容，而由其生活所生之快感。快感之本体，自有价值，其他一切事物，则惟有能生快感之价值而已。是说也，吾人通例称之为快乐主义，而反对此说者则为势力主义。

此二种见解之对峙，自昔已然。通希腊全部哲学之中，无不见有对峙之历史。前者有基勒奈（Kyrene）派及伊壁鸠鲁（Epikuros）派，后者有柏拉图及雅里士多德勒之学风，及包含斯多噶（Stoiker）派。至近世而对峙之迹又显。一则为经验论之心理学派，一则为十七、十八两世纪之合理论及祖述康德之德意志哲学也。前者所谓至善，在主观中快感之发生，而其快感何自而发生，则非其所计。后者所谓至善，则在一人及全社会之客观状态，而不及计快感之有无。但以为按之事实,主观中必有满足之念随之。

欲稳核快乐论之见解,有不可不注意者,即吾等之疑问,在快乐论之见解,果为真理与否,而不在其有无价值是也。学者证快乐论之不合真理,动以无价值为言久矣,而斯多噶哲学之格言,则又并快乐论及无神论为一谈而排斥之,是皆非坚确之证明也。学说之无价值,恒以其非真理故。若欲证其非真理,而以无价值为言,是颠倒之论也。况快乐主义之代表者,非无君子其人。伊壁鸠鲁,一生纯洁而无疵,边沁及穆勒皆终身矻矻发见其实践之观察者也。

论者何由而证明快乐之为至善乎?余揣其意,不外乎由人之天性言之,确见快乐为可贵之事实云尔。果如其说,则是伦理学者,不在立法家之地位,而仅有说明自然界之职分也。且人之天性,自喜快乐,而非即以为至善。今乃谓不可不以是为至善,是何理耶?凡快乐论者之论证法,大率类是。彼等皆谓一切人类,一切生物,均常求快乐。凡求快去苦之事,即为人生最大之愿望,而其余一切事物,则不过人生求快去苦之作用而已。

余以为此等见解,全不合于事实,余今所先欲证明者,即人之意志,并不以快乐为鹄,而其所鹄者,乃在客观之生活内容,即所谓精神若道德之内容者也。

夫一切事物,若何而现于吾之意识乎?将[谓]吾之正鹄,惟有快乐,而一切事物皆为作用之现象乎?吾人于是当先明正鹄与作用之关系,余寒则欲暖,而此欲暖之鹄,将得借种种之作用以达之。运动也,袭衣也,燃火也。而燃火一事,或以薪,或以炭,或以煤,又有种种之作用,于是正鹄与作用之关系,至为易见。盖欲暖者,余之正鹄也,而其他种种可以得暖之作用,则不过以得暖而始欲之。

故余于各种作用中,惟择其费力最少收效最速而已达正鹄者用之。不知人生种种活动之与快乐,其关系亦果如此乎?将谓吾饥而欲食,吾实以快乐为鹄,而食则为其作用,如取暖时之薪炭乎?格代(Goethe,德之大诗家,笃信穆勒之说,谓凡人实行一事时,必以最大量之快感为准)之赋诗也,慕少艾也,游历也,研究自然科学及历史也,其皆以为得最大快感之作用乎?此其不合于条理也明矣。格代之性质中,自有一种之冲动及能力,藉以促其发展及实行焉。此等冲动能力,直与植物萌芽中所包含者相同。方其发展而实行焉,自必有快感随之,然决非素有此等快感之正鹄,独存于写象之中,而其余一切事物,皆为其手段焉。盖冲动及其实行之欲望,皆在快感写象未现以前。而快乐之写象,必非先于发起快感之冲动而存立也。世间放肆怠慢之徒,非无先感于普通快乐之欲望,而后索其发生快乐之手段者,而康强之人,不如是也。

将无曰:此等龃龉之点,皆皮相之见。而按之真理,则一切欲望,固未尝以事实及行为为鹄,而专以快乐为鹄耶?以约翰·穆勒之通明,而信以为然,其所著《人心现象之解剖》第十九节曰:欲望者,快乐之异名也。又曰:渐历观念连合之涂,而杂以暧昧之义,于是有引申欲望之义以用于快乐之原因者。如曰余欲饮水,若精核之,则此不过喻言耳,盖其欲望本无关乎水,亦无关乎饮,而惟在种之快乐,所谓饮水者,特其快乐之原因耳。而吾人遂曰吾欲饮水,此则由观念之联合而生谬误者也。余读穆勒此语,因而忆某报所记之新闻,有曰:有一英人临水而钓鱼,一德人过之,曰:是水无鱼,奚为钓?英人从容答曰:余之钓,非欲鱼也,欲快乐耳。此英人者,诚超乎观念连合之涂,以快乐为鹄,而仅以鱼若钓为作用者矣。

然其所谓欲快乐而不欲鱼者,果人人同此感情乎?余以为无论何人,闻此英人之言,盖未有不哑然失笑者,尤足以证其所见之不同矣。以余观之,人之意志及欲望,决非以快乐为鹄,而尝鹄于其事,若行为,若状态之变化。盖事实之写象,虽尝有见于欲望之前者,而快乐之写象,则必不在意识之中,且由欲望而发生者,亦未有先于事实之写象者也。

且也,快乐写象之不足以动意志,又得以事实证之。盖使快乐之写象,诚足以动意志,则快乐者必随其写象之活泼明晰,而益为强烈之印象。今快乐写象之最活泼最明晰者,常在享受以后,然则享受以后,其快乐之欲望,将由是而益剧。而按之事实,乃适相反。例如饱食以后,其享受快乐之写象,了不足以动意志,是则冲动先于快乐之明证也。是故快乐之写象,并非冲动之原因,而现在之冲动,当其达于客观正鹄之时,则转为快乐之原因焉。

于是快乐论者,稍变其说曰:快乐者,非写象界之鹄,而事实界之鹄也,事实之鹄,虽不现于意识,而其为鹄也如故。如机械之有锤,非外观者所见,而其力足以动机械也。饮食也,富贵也,名誉也,其现于意识也,虽若为最后之鹄,然不过借以为诱导知力之口实耳。而意志之正鹄,实惟快乐。彼夫慕少艾者,因事外出,而往往不知不觉,抵其所慕者之家,则大自诧。乃知前之因事外出者,其冲动之作用,所以防理性之障碍而饵之者耳。洵如是也,将快乐者,譬如意志中所慕之人,而意志则转借他事以欺理性乎?

反对吾说者,欲证明此说之不谬,则必吾人之一切事实,皆不达于所借为口实之鹄,而适达其素所欲望之鹄,如慕少艾者之借口于他事,而不知不觉觅其所慕之人焉,是也。余以事实证之,而大不然，人之意志，恒达其所借口之鹄而止，不能达于根本之欲望也。贪者虽积资巨万，而其所豫期之快乐，渺不可得。热中者虽显贵，而患失之苦，或甚于患得。色欲者，传播种姓之饵也，当其满足，则欢乐竭而哀情多。此非其彰明较著者耶！

或又曰：诚如子言，然吾人之所以勤动者，以满足为的，苟无所谓满足，则谁复孳孳焉惟日不足者？盖满足与不满足之差别既泯，则人类将无所用其勤动，是则区别一切事实之价值，又乌能不以快感为标准欤？

余亦云然。使满足与不满足之感悉泯，则一切事实，无价值之可别，而善恶之名为无义，将无所用之矣。故所谓意志满足为善，诚颠扑不破之语也。然以是而证人生最终之鹄，即在满足若快乐，则未为切当。满足也，快乐也，非人所欲望之鹄，而意志得其所欲望之时之状态也。今吾询快乐论者，以人生最终之正鹄何在？而彼且曰在满足，在快乐。是犹吾询以意志何由而满足，而答以由满足而满足也，是则蹈同义异语之弊者也。夫所谓由满足而满足，其语何尝不是，然不足以餍问者。以问者之意，欲知意志之满足，必以何等客观之内容充之也。雅里士多德勒盖已于数千年前说明快乐及意志之关系矣。曰快乐，非正鹄也，现象也，当意志遂行之时，而随以一适当之现象，是为快乐。故快乐者，意志达其正鹄之记号云耳。吾人所以认识意志之满足者，由快乐，而快乐论者，乃即以此认识为善，犹曰有价值者不在事物，而在其所有之价值。得满足者非在动力，而在其所有之满足，岂非同义而异语耶？

快乐论者，亦或取消极之形式以为言曰：驱生物而使为正当之勤动者，非吾人写象之快乐，而在吾人所感之苦痛，即不满足之感是也。故吾人之勤动,以去苦痛为鹄。

余以为循此形式,亦足证快乐主义之不合于事实也。吾人果知有以苦痛若不满意为行为之动机者,如伤病则就医,闲居无事则求娱乐、希劳动,是也。然一切行为之动机,皆如是耶?借曰驱人类而动作者皆由于不满意,则夫格代之赋诗,都来(Turer)之作画,其皆由于不满意耶?又如儿童之嬉戏,亦由于苦痛耶?余以为不然。意志之冲动,本无所谓苦痛也,冲动而不满足,于是乎苦痛生,人之由冲动而活动也,往往苦痛未发之前。农夫之耕也,不待饥渴,彼见旭日之光,呼吸清晨之空气,则不觉负耜而赴田,此果有何等苦痛乎?冲动与满足之间,有一物障碍焉,则苦痛之感生,否则何所谓苦痛?其希望满足之冲动,乃适以奋其愉快耳。

故余不信动作原因于感情之说。无论其为快乐,为苦痛也,自行为之本义言之,冲动及意志为第一义,感情为第二义。感情中之快乐,为意志达其正鹄时所生之现象,而苦痛者,意志不能达正鹄时所生之现象,是生物学家之定论,而余所将论述者也。

(二)论人之冲动有以苦痛之动作为鹄者 快乐论或又变其说曰:人之所以勤动不已而欲得之者,非在形式之快乐,而在于可快之行为,若可以满足之善,故吾人每一瞬时,恒于其可以得最快之写象者而从事焉。至是而快乐论乃渐近于真理矣。然其说尚未能切合于事实。其失有二:(一)过重写象之失。昔叔本华谓意志非有豫定写象之作用,其言甚是。征之动物,其生活动作之所由规定者,无意识之冲动耳。惟人亦然。故写象者,未为重要,彼未尝示意志以正鹄,亦未尝永导之以实行,而生活动作之指导,实在习惯。故当为之说曰:凡人终始在其正鹄其希望之彀中,而每一瞬时之行为,必其于内部之构造,及外界之关系,皆为最少窒碍者,故虽时时得有所谓满足,而究其所得之满足,果于同一瞬时,得为最大之满足乎?是不能无疑。且或其人惰而不事事,则其时亦将有所谓最大之满足者乎?是尤可疑者也。(二)混合希望与执意之失。凡人尝有努力于并无快乐写象之事者,亦有值性癖之诱引而排斥之者。夫此等事实,余亦非谓彼必无说以解明之。然感官之恐怖,与义务之崇敬,动物之性欲,与道义之意执,痼癖之快感,与正当行为之满意,其差别至巨。多数伦理学者悉分别言之,而不能括以共通之概念。施泰因泰尔(Steinthal)尝本康德及海尔巴脱二氏之说,而别为形式之快乐与痼癖之快乐者,是也。

更有进者,苦痛及苦痛之动作,实为人生所不可废,故宜扩充其快乐若满足之概念,并痛苦而包含之,此按之事实而无可疑者也。使诚有全智全能之上帝,能置吾人于全无苦痛之域,吾人果乐此不疲乎?吾人当困穷患难之中,恒想望无事之日,为无上之境遇,及其久处顺境,无可展布,则转忆其前日之困穷患难,以为不可多得。苟吾人之性情,长此不变,则未有不以全无苦痛之境遇为无聊者。盖使吾人之生涯,举凡苦痛之原因,如一切危难,一切抵抗,一切失策,悉得而远避之,则所谓努力也,竞争也,冒险心也,战争之冲动也,喜胜而恶败也,皆由是而消灭,此自然之理也。然而吾人果得此无障碍之满足,无抵抗之成功,则必深厌之,如常胜之游戏焉。夫弈者苟知每局必胜,则无乐乎对局。猎者苟知每射必获,则无乐乎从禽。彼初无觊觎利益之希望,而以弈猎为消遣者,正以其或胜或负,或得或否,不能预必耳,否则兴味索然矣。人之生活亦然。狮之在旷野,饥渴迭至,寒暑交侵,则大苦之,以为我苟得安居岩窟,每日获肉,则吾愿足矣。无何,为人所捕,畜之栅中,饮食有余,而牝牡之欲亦遂,其始彼未尝不乐也。未几,即厌其局蹐而大无聊。人见其然也,乃纵之于广大之囿,俾得搏噬自由,彼又厌其得食之易,而无聊如故。然则彼其所欲望者,不外乎前日之所厌苦,漂泊是已,饥渴是已,争斗是已,旷野是已。谟罕默德不云乎:死于兵革之武夫,享天堂快乐三日,则更怀旷野之鏖战,良有以也。

且如诗歌者,吾人之生涯及意志所藉以写照者也。吾人所喜者,其为写平和宁静之境,叙快乐幸福之事者乎?然则维兰(Wieland)之雅里斯替伯(Aristipp)宜若为吾人所喜诵。其诗中人物,自雅里斯替伯以下,无不遂其所欲。其家甚富,其居为绮丽之室,而能揽都美之风景,其体质美丽而健康,其思想之敏慧,所思必通,所求必获,其性情至温良,至沉静,喜与人同乐,而于他人急剧之竞争,则淡然若全不经意者。凡吾人所希望之幸福,殆莫不具焉,宜若为吾人所喜诵。然而读之者,殆无不厌倦。是何故乎?将以其皆寓言乎?是或然,然吾人独不喜以此等极乐之寓言自慰藉也。又何故?是无他,吾人本不堪此等生活故耳。此等生活,使吾人天性中最深之冲动,无自而发起,则因而无所谓满足。故无论何人,决不能离抵抗竞争之境而生活也。如真理至可贵也,然使不待极深研几而能得之,不待与外道竞争而能存之,则又何贵之有?竞争也,致身也。皆人生所不可去之原质也。加里(Carlyle,英国文学家,生于一七九五年,卒于一八八一年)氏于其《英雄及英雄崇拜论》(*On Heroes, Hero Worship*)尝言其理曰:以今生及来生逸乐之果报为足诱人为善者,侮人也。虽至贱之人,其所贵有甚于逸乐者。彼夫受雇为兵者,以杀人为业,诚人人所贱视矣。彼尚不徒以操练及领饷为足，而别有所谓军人之名誉。故知人类者，决非徒贪逸乐，咸欲使其行为高尚而诚笃，以养成人格，而无愧于神明。苟示以门径，则虽愚贱之人，亦一跃而为英雄矣。乃或者，欲以逸乐之果报诱之，何其诬人之甚也。诱人之道，曰困难，曰克己，曰死义，曰殉道，是皆足以鼓道义之热情，而熄其计较利害之观念者也。人之所贵，有甚于幸福者，虽区区社会之名誉犹然，况其上焉者乎。凡宗教家之所以能博信用者，亦在其不阿世人之嗜欲，而能激发其高尚之理性焉。

夫人情激刺之机，诚不仅竞争抵抗之境。然而此境之激刺，最为有效。此维兰之小说之所以不耐读，而生离死别之传奇，血战阴谋之稗史，尤为吾人所喜，诚以此等著作，类皆能钩抉生活理想，非若村词之枯寂而无味也。昔雅里士多德勒尝推究人情偏嗜悲剧之故，以为由吾人恐怖与恻隐之情，借是而感动，人之天性，本以此等情感为动机，而悲剧能与之以机会，此其所以有快感也。是说也，犹所谓知其一未知其二者。悲剧之所动，盖尚有种种强烈之感情，愤怒也，野心也，仇恨也，忏悔也，失望也，恋爱也，义勇也，大度也，悲悯也，好胜也，死无畏也，是皆感情若冲动之最深邃者，惟悲剧能激而出之。盖吾人跃跃欲试之隐情，忽有悲剧焉自外而昭揭之，此其惬心为何如耶！

由是观之，则如恐怖若恻隐之感情，诚亦有时而为快感。如悼亡之悲，虽尽世界之珍物，不足与易焉，是殆非苦感而快感乎！虽然，是亦充类至极之言耳。若正言其理，则自吾人意识之根本。观人生意志之正鹄，实不在最大快感最小苦感之属，而在各从其理想以为生活。快感也，苦感也，于吾人意识中，并无所谓积极消极之正鹄,不过于意志及意识进步之途,常有此等现象,与吾之生活动作相随而已矣。

(三)以生物学之公例正快乐论之见解　至于快乐苦痛之价值,则当以生物学之说证明之。快乐也,苦痛也,其于人生有何等之关系,是生物学者所洞悉而无疑者也。

苦痛者,生活破坏之现象也。故一切苦痛,每在其未尽破坏之前,而受之者辄逃避焉,或防御焉,以维持其生活也。今有二生物于此,其性质虽略相同,而独其苦痛之感觉,互有敏钝之别,是二者,于其维持生活之道,孰宜孰否,理最易睹。大抵钝于苦感者,不免猝见灭亡,而敏于苦感者,恒得巧避危害。故感觉性能之缺乏,直与感官之缺乏同其效果也。快乐者,关于食色机能之意识,随进步之途而生此现象者也。其始限于饮食若生殖之动作而已。及生物之进化,而饮食以前,若追迹角逐之为;生殖以后,若抚育子孙之事,亦皆有快感随之。是二者,普通动物之所同具,于维持生活有直接之关系。前者所以维持一身之生活,后者所以维持种族之生活也。凡有机物之所以为生活者,在乎新陈代谢,常分泌其无用之原质,又吸收有用之原质而同化之。苟其吸收同化之动作中辍,则生物死矣。种族之生活亦然,人皆有死,分泌其无用之原质也,而偿之以继嗣之生殖,继嗣之生殖中止,则种族灭矣。然则快乐主义如何耶?生物学者曰:快乐者,所以诱导吾人,犹苦痛之警告吾人也。吾人由苦痛而知生活之所以被损,即由快乐而知生活之所以裨益,一则戒吾人以退避,而一则导吾人以进取,二者谓之认识善恶之原型可也。

意志若冲动,有不含情智之分子者。鸡雏出卵,即能啄粒,非必苦于饥而快于食。其所由发动者，殆如岩石下坠，水晶凝结，殖物生长，悉由自然力之所规定。生殖机能之冲动亦然。在下等动物，初无所谓苦乐之感也，及生活之进化，而感情亦随而发展，自高等动物以至于人，殆无不含有特别之感情者。此其感情，即因其生活动作之或有障碍，或有裨益，而生苦痛若快乐之现象，是也。在生物学，别感情为苦感、快感二者，是犹分植物为草、木二类，其理不圆。正言之，则人类有一种感情，与机能之种类相当，而借以意识其机能者，而此等感情，本有苦乐之况味云尔。

精神之生活，以渐进化，则又由感情而生智力。智力之职分，在即感情所营之动作而更完美之，使意志知美恶之别，而有所取去是也。凡人官体之感觉，可谓之感情之储材；触觉者，创苦之感之材也；味觉者，消化食物以前之一作用，随吾舌之同化作用而生，所以先验食物之宜否者也。故味觉非快则苦，其于意志冲动也，非相同则相反。嗅觉者，又为味觉以前之一作用，即各物体之微子，流布于空气中，而先验其能否同化，果否宜于健康者也。视觉、听觉，不必摄取物质，仅于其物至微之运动，而认识其为何物，然其原始之职分，亦在识别各物之宜于健康与否，故亦含有快感苦感之性质，惟不如味觉、嗅觉之明了耳。耳之识别物质，尤与意志冲动非为直接，特间接识别之，以向导意志而已。至于悟性，则由连合作用，本其已知之事物，而推及于所未知者，乃遂脱离感情之范围，而其职分，则亦在以其推知之物宜于健康与否者向导意志，使知所取去焉。

是故生物学者，不以快乐为人生专一之正鹄，而以之与苦痛对待，同为向导意志之作用。意志者，借快感向导之力，营一种机能以促生活之进步,是则快感也者,渐达至善之征候云尔。而持快乐论者,乃即以征候为正鹄。试叩以苦痛之职何在,则未有不穷于置对者。快乐与苦痛,有不可离之关系,苦痛为避害之向导,其理甚明,然则快乐又宁非进取之向导耶?

且又有一种事实,自生物学界观之,有决不能持快乐主义以解释之者,即吾人之冲动既已餍足,则快乐亦随而止是也。醉饱以后,更进酒食,则有苦而无乐,惟其有刺激口舌之力,故苦痛为之稍杀。牝牡之欲亦然,间有以生殖机关为纵欲之具者,障碍疾痛,随之而起,若犹不觉悟,则鲜有不丧其机能而失其生命者。

(四)论快乐不足以定行为之价值 人之意志,本不以快乐为至上之正鹄,而局外者之评论,亦不以快乐为有至上之价值。有人于此,发明一种药剂,使服之者能沉醉于极乐之幻境,而其人之身体与在其左右之人,均不至因此而有危险,吾侪其将劝人服之,以为得增益其生活之价值乎?即持快乐论者,亦将不以为然。是何故耶?将以其快乐基于幻象故耶,抑以为梦中之快乐,必不如平时之快乐耶?是皆不然。然则吾人所以反对之者,岂非以其快乐不本于自然,而其所谓圆满之生活,不足以为人生实际之生涯故耶?然则此等生活,虽有无限快乐,而自吾人之意志、及人生之价值评之,实为不足顾问者矣。

论者或曰:此等生活之无价值,由沉酣幻境之人,无所事事,不能裨益于他人,则其一人之快乐虽多,而于最大多数最大量之快乐,则反有所减故也。然则吾请由前喻而扩充之。使其药剂为一经发明,则不待何等劳动、何等费用,而全国民均得沉酣于极乐之幻境,吾人将以彼发明者为人类之慈父乎?意者一民族欲跻于具足生活之境,不得不以其无限之信用,服从于非常恳切之政治乎?使有人焉,如所谓柏拉图派之哲学家,果有秘术,能使民族悉变为无限驯伏之性质,吾人其举全国而委之乎?史称耶粹登(Jesuiten)教徒之于巴拉圭(Paraguay)也,干涉备至,凡作息寝起之属,无问日夜,悉有一定规则,使其效果,果如世人所传,被治者一无异词。然则快乐论者,将以此等政治,在一切社会、一切政治间,为最圆满、最愉快,而彼被治之土人,果已跻人生至善之境乎?若是,则彼等必将谓吾德政治家,宜变全国人民为驯良之俗物,使每日治事及饮食游息之时间,皆能服从规则,且将更进而颂哀耶(Aia)岛叱人成豕之妖妇杞尔崔(Circe)为慈母,而以漂流彼岛之人为最大幸福矣(此为希腊神话,见和美耳 Homer 之 Odyssey 篇)。藉曰不然,则以快乐为人生最高正鹄之说,又乌得而不破耶!夫快乐之所以有价值者,由其出于正当动作之成效。若压制人类之天性,以求快乐,惟其耳目而不惟其精神,犹以为得策,则吾将以快乐为人类之玷矣。

(五)至善之积极义　余既排斥快乐论之说,乃即至善而规定其积极之义。盖余之意见,以为吾人之正鹄,苟以最普通之形式表明之,则在使吾人之生活机能为天资之基本者,动作于轨物之中而已。各种动物,无不欲营其适于天性之动作,盖现其天性于冲动,而因以规定其实行焉。惟人亦然。人也者,恒欲尽其精神之能力,以营夫原本至性发挥历史之生活。是故游戏也,学问也,劳力也,货殖也,占有也,享受也,建设也,创作也,皆人之所欲也。又如恋爱也,畏敬也,服从也,主治也,战争也,克捷也,诗歌也,梦寐也,思维也,研究也,亦皆人之所欲也。凡其所欲,无非循生活自然进化之秩序而与之俱进者。人莫不欲有人伦之经验，是故有兄弟则欲与之为兄弟，有朋友则欲与之为朋友，有同僚则欲与之为同僚，在公民之间则欲与之为公民，遇仇敌则欲与之为仇敌。对于所爱，则欲为情人。对于妻、子，则欲为良夫、为慈父。务欲一切经验之，以维持其生活之内容，而又欲字育子女以继述之。苟其所经验者，事事合于轨范，而有以证其为正直之人，则始达人生之正鹄，没世而无憾矣。而究其所以为生活之内容者，乃无一不得自国民生活之历史。故吾人又得谓人间之意志，在以其人之标榜，表彰国民之生活，而又有以维持之、发展之也。

是义也，本人类学及生物学而平心以观察之，至易明了。一生物之意志，不外乎冲动之体系，而实行其冲动，而为其种族生活之内容。故与其谓一生物之所以存，在维持其种族之生活，而又使之进步，则毋宁谓一种族之所以存，由于一生物之有生活，虽谓每一生物，皆为其种族中之一分子，而营其生活之动作焉，可也。人类之异于他生物者，惟能由动物自存之冲动，进而为观念自存之冲动而已。盖人类以下之动物，其所以为意志者，惟恃无意识之冲动，以规定其行为；而人类则能意识之。其正鹄之生活，必如何表彰，如何实行，而后成生活内容之模范，恒结为理想，而现于其心目之间，于是务实现其理想，本之以求完成其本质，发展其生活之动作，而定其价值焉。夫此等理想，在人类诚亦万殊。希腊人与罗马人，斯巴达人与雅典人，各异其理想。男子与女子，军人与学者，农民与渔人，亦各异其理想。而即其模型之原本言之，则要归一致。如人类虽形貌万殊，而自解剖学生物学之模型观之，则无害为一致也。自精神之生活以渐发展，而理想亦以渐分化，随理想之分化而本之以实现者，亦益因人而殊。于是意识中表彰理想之直觉，各异其明昧之度，抵抗魔障奋追理想之能力，亦各异其强弱之度。然而人类无不有理想，且无不本其理想以为完成其本质发展其生活之动作，则无论何人，必不能不承认其事实也。

国民亦然，尝有一种理想，而务实现之。宗教也，文学也，所以印象其理想；神祇也，英雄也，所以表彰其模型。国民益进化，则能采其过去之历史，以构成理想。而实则全世界文明历史之生活，乃皆观念之所管辖也。彼其完成本质发展生活之动作之模型，既已发现，则自能制其故见，动其新思，而终实现于动作。试观十五世纪博爱之义之运动，非由于当时之生活理想乎？宗教改革，非由于信仰基督教及构成新生活之理想乎？法王路易十四时代之历史，非由于崇拜势力及品位之理想乎？又若法国大革命，非由于适合自然及理性之新生活之理想乎？是等事实，其所由贯彻历史之大业，与夫激动各人之意志，而使之一呼众应者，则皆人类新理想之势力为之也。

于是吾人实现理想之鹄，常非杂以有所觊觎之观念者，其理至易明矣。国民有自由若势力若名誉之理想，而务实现之，必非杂以希图快乐若幸福之见。虽其理想实现之时，未尝无满足之感，而此等满足，果否为人类全体之最大快乐，固非其所计也。国民之有理想也，决不暇计其价值，为自由，则争自由；为势力，为名誉，则争势力，争名誉；其于幸福，有几何之得失，非所计也。国民欲实现其理想，则直前勇往，举各人之利益生命以为牺牲，而各人亦愿牺牲其利益生命而无悔，即使各人未必无吝于牺牲之见，而既为国民之一分子，则必欲以身殉之。且也历史之判断，亦如历史之意志然。以此义标准,凡国民未有以快乐价值为标准,而自判断其过去之历史者,惟置其本质之观念于历史之人物及事变,而据之以定其价值。如吾人尚论腓立大王(Friedrich der Groβe)及其战事,决不以当时国民所得之苦乐如何为标准而断之,惟视其所得之名誉品位等诸内容,果否近于客观之正鹄。凡历史科学家之说亦然,彼诚知标准快乐之希望,决不可达也。惟哲学家则抱有此希望者。然以吾所知,能达其希望者,盖无一人焉。

(六) 历史之论据　凡余所论人类意志究竟之正鹄,与夫行为价值究竟之标准,皆非余一人之私言也。昔希腊之道德哲学家,夫既已发挥之。不惟此也,凡道德哲学,自快乐论外,殆无不合于此说者。柏拉图及雅里士多德勒之言曰:至善者,本质状态及生活动作之适合于观念者也。人类之幸福,在执持人类一切之道德而实习之。斯多噶哲学家亦曰:合于自然之生活,在以一切实体为意志之鹄。故吾人究竟之鹄,在合于理性之生活,而吾人营合于理性之生活,则即吾人之所以求安宁也。亚基那(Aquina)派之多马(Thomas)亦曰:一切实体,各循其天性而求达于圆满之域。由理性之意志者,思维之实体也;由感官之冲动者,感觉之实体也;由自然之冲动者,无感觉之实体也。凡此等直觉之观念,至霍布斯及斯宾那莎(Spinoza)而再现。二氏皆以为各种实体,皆以维持其本质为鹄。而生物之本质,则生活及实行而已。斯宾那莎且言思维之实体,即以思维为本体焉。索弗特彼格(Shaftesbury)及拉比尼都之所见亦同,皆以为资质之调和发展,即人生及宇宙之轨则也。康德亦赞成此说,其言曰:人类最真最深之本质,即由实践理性(亦谓之义务之意识)所决定之意志而实现之。黑智儿(Hegel)及修拉玛希(Schleiermacher 之说亦然,以为人道生活之历史,以客观之正鹄为内容,各人之生活,即所以构成是等历史内容之一部分,是其生活之所以有兴趣有价值,而又有以满足其本性中最深之欲望焉。

达尔文基本生物学而得一人世观,亦与此相类。彼于思辨哲学之研究,固全本现实之历史见解,而设新法以论究之者,乃于其所著《人种论》第四章,检核快乐主义之说,而有大相差违者。其言曰:吾尝思下等动物,皆有交际之本能,即所以发展其全种族之普通幸福者也。何谓普通幸福?即此种物体之最大多数,皆从其生活之条理,而有至大之势力,至健之生涯,以开发其能力,以抵于圆满之域也。人类交际之本能,其发展也亦犹是。吾窃愿以人类之普通幸福(即安宁)为人生究竟之正鹄焉。不宁惟是,即约翰·穆勒亦尝于不知不觉间为类是之言,而与其所持之快乐主义有不相容者。彼言快感不惟有分量之差,而又有性质之差,于是得一结论曰:与其为满足之豚,毋宁为不满足之人。余以为是言也,彼不啻自举其所持快乐若满足有无上价值之宗旨而摧破之。盖一言价值,则即脱快乐之本域,而就快乐所自出之机能也。穆勒谓快乐有种种,而实则机能有种种之谓。种种快乐,皆由种种实体营种种机能,而有是种种感情随之而起云尔。

于是雅里士多德勒说明至善(即究竟之正鹄)之言,所谓幸福者(即安宁),在实行德行,尤在实行最高之德行者。虽至今日,犹不可易也。

(七)详论至善之积极义　论者或难曰:若是,则陷于循环论法之弊。前者不尝言道德之所以有价值,由其有裨于生活之发展乎?然则道德之实行,不过一种作用,而今胡又以此为究竟之正鹄也?

答曰:然。余既已言之矣,凡有机体,其各部分,常为作用,而又同时即为其正鹄,以其为全体之一部也。如脏腑官骸,皆所以维持身体生活之机关,而同时即为身体之一部。身体者,非能外各种维持之机关而成立。此等机关之全体,即所以构成身体,故此等机关之活动,本为其维持生活之作用,而又同时即以此等机关之活动为其生活也。美术品亦然,剧之一出,本为其全剧之一部,而同时即为其正鹄之一部。然则道德之生活,何独不然。彼以各种德行为全部之机关,而其实行也,即所以构成内容之一部。既占内容之一部,则乌能不分受其全体名誉之一部乎?吾人精神界之道德生活,本有机体也,其各种势力,各种机能,且为作用,且为正鹄。故各部之内容,皆各自有其无上之价值。然使其绝关系于全体,则无足道矣。如刚毅之有价值,以其为克尽一定职分之机关,苟其离生活之全体而独立,则价值何在?目之为用,以其为全体中视觉之一机关,而由是更以视觉为其无上价值之内容。刚毅之于战争也亦然。诗人言不为战士者不得谓之人,以此也。凡积极之道德皆然。消极之道德,若不诈、不盗、不淫,以其对待于真理、财产、婚姻诸善之作用,而始有价值,其本体无所谓善也。若乃守真理,保权利,持家族秩序,是等积极之道德,则皆为圆满生活之一作用,而同时即为其内容之一部。是以各种德行之实行,若研究学问,若兴殖财产,若社会秩序,若家族生活,若子女教育,皆为生活之一作用,而同时于其内容亦为重要之部分也。

彼斯多噶派哲学家,盖尝见及之矣。彼以为道德有三别:(一)

有无上之价值者;(二)有作用之价值者;(三)有作用而兼正鹄之价值者。一切外著之德行,有作用之价值者也;因各德行之活动而随之以快感,有无上之价值者也;道德则有作用之价值而又兼正鹄之价值。盖以其影响于幸福之点言之,是谓作用;而以为幸福之一部分言之,则亦究竟之正鹄也。

吾人更进而论之,一切之道德及动力,固既为作用,又为正鹄。而于此二者之间,乃不能无分量之差。生物之各机关,于其全体,关系有重轻之别,剧有各出,于其全剧之中心点,有远近之别,道德生活之各机能,于其正鹄,亦有中边位置之别,或疏于正鹄而切于作用,或疏于作用而密于正鹄也。此其关系,雅里士多德勒已见及之,以为实际正鹄之中心点,在动作其各种特别之势力。故其对于人类,在使之动作其所受特别之理性。使吾人以科学之规则认识正鹄之中心点者,哲学之领域也。举其基于实践理性之道德而实行之者,于哲学有密接之关系者也。其他经济机能及生物机能,则关系较疏焉。此等皆为自然基础,即人生固有之内容,当有此必然之豫想者。而其动作之感情,得以直接断定,则已为生物学之所认可。故人类欲得最大之满足,惟在动作其学理之理性及实践之理性而已矣。

凡后出之生物,必优于古代者,此天演学家历史学家所几经考察而得此相同之结论者也。最下级之动物,对于外界,务求食而避害,以自全其生活之动作而已。以渐进化,而生殖之机能具,于是种族之爱情生,感官之感觉,进而为高级之智力,于是交际之生活,与知识之生活,始有基础。至于人类,而交际及知识之生活发展最高焉。其发展也,为吾人本于记忆历史之能力而直接知之者,即进化史中一部分之内容,所谓人道史者也。人道之历史生活,所恃以为主要之内容者,一则吾人之所认识,益广益深,而益见其实际;一则吾人之交际益溥博,益密切也。而是二者之所由达,则在发展其理性及交际之道德,以理性认识事物、而示意志,以达其正鹄之方向;以交际之道德,营家族国家社会之交际,而后人生之本质所以为历史之实际者,始可完焉。

是故人类之生活,能发展此等最高之能力,而使其下级之能力从属之,则人格益高,否则动植物之机能,感官之冲动,无意识之情欲,得占势力,犹是卑劣之生活而已。所谓圆满之生活者,吾人精神之能力,发展至高,以之思维,以之创作,以之行动,无不达于圆满之度之谓也。以人类历史中之境遇观之,交际之道德,于生活中实为重要之部分,所以平和人生之境遇而使之互相维持者也。故人有恒言曰,真与善,圆满生活之两方面也。虽然,读者毋以是而谓余之所见与惟心论同,盖余固非以感官之一方面(即动物机能之一方面)为可忽者。孩提之童,喜直觉,嗜游戏,亦不失为生活之一部分。且如饮食也,快乐也,亦圆满生活中之所应有,特不可以是占生活全部之势力而已。

由是余更得以一人之生活而论其为正鹄、为作用之两方面。吾人之圆满生活,吾人之正鹄也;而自吾人为国家或文明社会之一分子观之,则又不过一作用。柏拉图曰:国家者,大人也。然则一国之机能,犹之一人之机能。而国民与一人之关系,犹之正鹄与作用之关系,惟其作用仍为正鹄之一部。盖全体者,固积各部而成立者也。于是吾人又得一评定人格之新标准。人之尽其国民之义务也益多,则所以供国民精神界历史界之生活者,若学问,若道德,若美术，皆益大，而其历史界之价值，遂亦随之而益大。是则不关于其狭义道德之价值，而惟关于其对于国家之义务者也。虽然，是说也，愿读者毋以惟心论视之。

吾人非仅以哲学、科学、文学美术之所观，评定国民之价值。凡国民及其生活之动作，未有不属之者，若任保护之军人，若任指导之政治家，若通商外国者，若航海者，若工艺家，若发明新器者，若耕稼者，若佣者，若教育子女之慈母，若嬉戏之婴儿，无不与焉。是非特精神界内容之基础，而实各占其一部分焉。

吾人更由国民而进于更高之境遇，则为世界之一分子，而有所谓人道。人道者，仁之观念，所借以为具体之表示，而吾人经验界考察至善之效果，以此为终点者也。圆满之人道，若以基督教之语代表之，则地上天国是已。是谓至善，是谓人类究竟之正鹄。而于是国民道德亦对之而为作用。然其作用，亦仍为正鹄之一部分，可知也。各国民之品格，皆以此正鹄为其最高之标准，由其仁之观念发展之程度，而第其品格之高下焉。凡国民及进化之阶级，虽未有全无价值者，而其社会，其政治，其精神，其道德，其美术，其宗教，凡是等生活之发展，去仁之观念之中心点，不能无远近之差，则国民品格优劣之差视之矣。

仁之观念，吾人尚不能以具体者表彰之，仅于精神界历史界生活普遍之概念，想像其轮廓而已。一切人类学历史界之研究，虽足供吾人以资料，而吾人尚不能有所构成。吾人欲设一观念，使希腊人、罗马人、埃及人、巴比伦人、支那人、日本人、无数黑色人种、无数印度人种等，悉举其生活之内容，向必至之鹄而为互相关系之生活,吾人竟不能构成之。神之理想之人类史,吾人虽能见其断章而比较之,而此种种断章,各有何等作用,非了于其全体之组织,不能知之。而吾人终不能为全体组织之观念。所谓历史哲学者,欲集各种断章而为全部,以窥其组织之概者也。然其所得为者,惟排比断章之次第,于古代中世及近世初期狭隘之文明社会以内,指示其历史界衔接之迹,而稍稍循必至之鹄以解说之,是等科学之不能终达其希望,固已彰著,吾人仅仅知历史之断章而已。即使吾人能悉知过去之历史,尚不过全史中之一小部分,而于未来之无穷历史,非所与知也。人类者,恐尚在历史之初期,各国民各文明社会之历史生活,殆不过人类全体历史生活之初编。而世界贸易,世界邮政,或足为他日人类精神界历史界统一生活之端绪。吾人在此时期,而欲构成历史哲学,是犹读诗一二章,而即欲推论其全篇之观念,乌可得耶?

然而人类生活,尚不过一切实际事物之全生活之一部。一切实际事物之全生活,吾人仅能为形式之概念,而不能以直觉者表彰之,而惟托之于譬喻,是谓不可思议,是谓神,而其精神界历史界生活之发展,则谓之天国。神也,天国也,非若各种科学概念,可以直觉之,而惟以感情若意志之实在关系之。彼固超越于认识之范围,而惟示实际事物必有最高统一之信念而已。神之观念,既在吾人智力以外,则神之世界之观念,亦必超越智力以外,无待言矣。使必以学理解说之,非如十八世纪之神学家,违因果律,而胪列经验界事实,则如黑智儿派哲学,强以论理规则,附会普遍之概念而已。惟吾侪智力,虽不足以理解至善之内容,而尚得由宗教、美术,以譬喻者想像之。盖宗教、美术，皆借有限而可思议之事物，以指示无限而不可思议之境界者也。

第三章 厌世主义

（一）**厌世主义之理论** 余将研究伦理学中第二根本概念，即所谓本务之概念者，先举近今思想界之厌世主义而略论之。持此主义者，谓人生本无价值，即使人生含有有价值之原质，而其反对之价值，已占优胜，则其和在零以下，故有生不若无生。此与吾前章之说，所谓吾人一切生活机能，循正则而动作者，其事即有价值云云，正相反对也。

诗人之作，关于厌世观者颇多，如意大利诗人里泊德(Leopardi)所作述怀之类是也。然乐天观之诗，亦复不少，如马鞑义亚尔那(Matthew Arnolds)所作《伊的那之唵披铎黎》(Empedocles on Etna)(Empedocles，西西里之哲学家，生于西历纪元前四六〇年，相传投身 Etna 山之喷火口而死云)之类是也。此等诗歌，皆诗人真挚之感兴，无可非难，盖感情者，事实也，不能以绳之是非。故吾人可以分析之，释明之，且或玩赏之，或憎恶之，而独不能诘难之也。

然而哲学界之厌世主义，则异是。如叔本华者，不特为厌世感情之诗歌，乃以理论证明人生之无价值，且证明人生价值之论之为谬误者也。其说亦持之有故，而实不免于谬误，吾人不能不诘辨之。吾人之诘辨，非能转移厌世家之感情也，惟暴露其学说之谬见而已。以余所见,厌世主义者,未必有至溥至当可为根据之学说,大抵本于其人厌世之感,而引以为主观界之真理云尔。

厌世主义有二别,感觉界之厌世观(亦谓之快乐主义之厌世观)及道德界之厌世观,是也。前者谓吾人之生涯,苦痛多于快乐,故不若无生;后者又增以客观道德界之考察,而见为并无价值,因而谓人生之不幸,不惟其事如是,而亦理所当然者也。二者以外,又有历史哲学之厌世观,则谓人类日益进化,而苦痛及罪恶之增加,与之为正比例者,是也。

(二)**感觉界厌世观之证明**　此之证明,以数量之关系为根据者也。其说曰:人之生涯,苦感常多于快感。然则欲证明其说,不得不用算学及统计学之方式。而最近之厌世文学,有习用之语,即所谓快乐决算,所以定人生之价值者也。是言也,比例商业而为之。盖商人决算财产之式,常检其簿记中所存所负之数而互消之,以定赢绌也。厌世论者既袭用此名,将亦尝设一簿记,列记人生苦感、快感之数,而后决算之,乃知苦感之总数,远逾于快感之总数耶。

此等决算,其可能耶?以余所见,厌世哲学家之著作,盖未有为是决算者。夫欲验决算之可能与否,莫若以普通人之日记为之。例如于日记中胪记一日中苦乐之感。为(甲)快感:(一)夜中安睡,(二)朝餐甚适,(三)读有益之书若干节,(四)得友人来书。(乙)苦感:(一)于报纸中见可厌之新闻,(二)为邻人琴声所扰,(三)疲于应客,(四)食不适口。而使习语快乐决算之哲学家,衡量其快、苦之数量,而分别记之,可乎?

或曰,是无理之要求也。夫余非不知此等要求之无理,然对于习语快乐决算之哲学家而为此要求，则决非不合于理。何则？彼苟不能以数学之式统计苦乐之数量，则何由而为苦感多于快感之断定？彼苟不能于日记中苦快各感、分记其数量，则又何由而为苦乐数量之统计？彼苟不能于简单之情状，如安睡之快与应客之苦，为苦乐孰多之决算，则又何由而决算于至复杂至暧昧之情状？彼苟不能为一日之决算，则何由而决算一生？彼苟不能为一生之决算，则又何由而决算全人类之生涯耶？

德国有一小说，述甲、乙两少年，由相同之境遇及希望，而渐趋于反对者。彼等尝同学于某校，相善也，且互许为同志。毕业以后，甲试为吏，其才为长官所赏，不次迁擢，名振全国，娶大臣之女。未几，遂迭历各级，被擢为大臣焉。乙则好深沉之思，欲以学术鸣，则为义务教员，而从事于著述。彼之主义，不为世人所欢迎，其所著鲜有读者，而其人亦见疏于社会，无可展布，然彼尚不以为意，而矻矻如故。年三十有五矣，而长此困穷，其父母重忧之。及千八百四十八年之政变，而二人之境遇乃互易。其互易以后之境遇，可无论。而前此两人之生涯，快乐孰多？果可以决算乎？甲有贵显之乐，而有患得患失之苦，其比例如何？乙有境遇之苦，而有思想自由之乐，其比例又如何？

厌世论之说，亦有不必为此决算者。彼盖以普通之议论代之，请述其一二：其一，为自昔相承之说，谓快乐者不外乎苦痛之除去，故常在达其希望瘳其疾病去其恐怖之时。快乐之性质为消极者，而苦痛则为积极者。所谓快乐苦痛，实则苦痛小大之别耳。如其说，则日记中当仅记苦痛而已，无事乎记快乐也。夫快乐果仅仅为苦痛之除去，快感苦感果为同义，而与积极之事实，无所矛盾耶？

果尔,则得为感情下绝对之断定,而易其快乐即苦痛之除去之语,为非苦痛不能生快乐,是其为虚伪之断定,至明矣。体欲者,苦痛耶?体欲实快乐之豫感,而谓康健之人不之感耶?儿童不尝见制饼而愉快耶?其食饼以前,必有苦感耶?安睡以后,则思游戏,将以疗其痿疲之苦痛耶?是岂非掩耳盗铃之见解耶?且其谬误之点,尚有不可掩者,若快乐即情欲苦痛之除去,则夫情欲强大者,其快乐亦不得不随之而强大。而事实乃反之,凡有强大之情欲者,营求而得之,其快乐不过少量而已。惟其初淡焉漠焉,而忽于意外得之,乃始有至纯至切之快乐。试观之于儿童,其情欲大者其满足也小,吾人所常见也。

叔本华者,以意志之性质,证明厌世主义者也。其说曰:意志者,本无意识,常为无鹄的之努力而已。彼不动于鹄的之写象,而显为盲动之生涯,故无可确指为满足者。且感情生活之内容,纯以苦痛、危险、失望、恐怖构成之。缺陷之苦痛,驱吾人而使之动作,不达其鹄,则苦痛随之而增,幸而达之,虽若有去苦得乐之一瞬,而此快感者,转瞬而消灭,决无保持之望。故一切快乐之究竟,失望而已。意志若欲避此循环之苦况,而无所营求,则又不胜其无聊,故与其久静也,毋宁投艰难危急之境以自遣。盖意志常踯躅于感情之间,而不能脱其范围,如行人在荆棘之丛,左右顾忌,无之而不伤者也。

虽然,平心而论之,叔本华之说,盖偏见也。人之生涯,固有不脱于危险及无聊之感情者。而得脱之者,盖亦多有,初不若身入棘林者之狭隘也。康健之儿童,生长于纯朴安全之境遇者,虽离其父母之左右,而尚无危险及无聊之意识,苟其生活条件适与相宜,则虽更历数年，而尚不知之。农夫之勤动，初非迫于危险，日出而作，日入而息。彼虽强欲知勤动之为苦痛，休息之为无聊，而终不能。往往有日复一日，年复一年，经数十年，作息如故，而无大危险大无聊之阅历者。其间固亦不免有苦痛。虽然，苦痛者，幸福之原因，吾人所经验也。将谓此等农夫之生涯，仅少数之变例耶？然幸福之生涯，与不幸之生涯，比例如何，成功之生涯，与失败之生涯，比例如何，尚无统计表以供吾人之证明。则吾人与其信厌世论者之口给，毋宁信纯朴者之判断也。正直安全之生涯，非变例也；幸福之生涯，亦非变例也。此等断语，虽不中，盖不远矣。若乃厌世论者所摹写之意志，则非健全者之意志，而被虐待于社会者之意志也，此其意志之厌世也固宜。

叔本华则又曰，人类之多数，诚不必遭际大不幸，而得粗遂其幸福之生活。然生活之全体，徒为无鹄的之努力，其究也，空虚而已。其意谓人生者，如在漏舟之中，尽力以救其沉没，其舟以时渐沉，而终不免于覆没。人生汲汲于避死，而日近于死，亦然。人生之无谓，所以如是者，造物不仁，赋吾人以希望未来之迷执也。儿童之呻吟于学校者，自冀长大以后，必享幸福。工徒之被虐待于其师者，以为吾毕业以后，独立自营，则将去苦而就乐。艰于生计者，常神游富贵利达之境。凡此等未来之希望，既已达之，则所谓幸福者，仍渺不可得。然而一息尚存，则其迷执终不可破。且及其既死，而子孙又继承之。呜呼，人生之可厌，盖如此耶！

夫以生活意志终无满志踌躇之一日，而谓为无鹄的之努力，诚然。意志日日于其现在不得之事，而为他日得之之希望，诚然。人生之终局为死，而其辛苦经营之果效，或自享受之，或贻赠他人，无所谓绝对之善状,亦诚然。虽然,遂由是而为人生可厌之断语,则尚有误解者。盖如叔本华之所写象,是人生不以其生活为鹄的,而别求诸外也。通例,以人生比之旅行。使旅行而营业,则或际营业之无成,而厌其旅行为徒劳。然人生果若营业之旅行耶?余以为不然。人生者,非若营业之旅行,其鹄的在旅行之外也。人生者,非作用,而实鹄的,得以漫游喻之。漫游者,非有永久不绝之利益在其后,故无所谓鹄的。且亦不免有中辍之时,而不能为绝对之继续,故亦无所谓满足。旅人之欲望,常先旅人而进行。旅人达前此欲望之境,而欲望又已前进。登山者,于启行之始,既悬山巅于目前,及其流汗喘息而登之,则眼界渐开,而鹄的益远,乃无所谓休息及满足之期。漫游者,盖日日如是,及其还乡里也,而始静止。然则其旅行之全体,将重苦旅人,而彼遂不复为此无益之艰苦耶?是必不然。彼乃以是为大快,彼盖于其所经之大危险、大奋励,为愉快之记忆,而为第行旅行之计画也。

怀疑于人生之价值而无以证明之,其有异乎怀疑于漫游之价值者乎?人之漫游也,虽若有种种之缺陷,无鹄的也,失望也,困苦艰难也,于其最后,求一永永留滞之点而不可得也。然即全体观之,而常为吾人所深喜。人生亦然,苟其一生之中,勤动也,游戏也,变态至多,则于其暮年,回顾一生之阅历,而不胜其愉快,且其最得意者,乃在崎岖险阻之境遇。然则意志所达之鹄的,即一切阅历之随于正直之人生者是已。老人常好陈述其往昔之交游若经历,且常好为自叙以公于世。苟人生之内容,仅仅失望而已,彼又何苦而为此耶?彼等如观剧然,其始也,窘迫、争斗、欢乐、悲忧,交至迭乘,演者观者,皆有应接不暇之势。卒也,以平和之景象结之。

当是时也，演者弛其力，而观者乃追想其全曲矣。叔本华曰：若起死者于九原而问之曰，汝欲再生乎？彼必答曰：否。其言殆然。如观剧者，不必愿观同一之剧也。然而演剧之价值，并不以此而贬。如吾人虽有至愉快之旅行，然其第二次之旅程，未必愿循故步也。凡老人有还童之希望者颇多，彼夫成年者，恒不欲复为童子，童子不欲复为婴儿，而老人乃反之，得毋餍平和之境遇，而又已休养其跋涉世路之勇力故耶。

是故厌世哲学家之感情论，所谓人生苦痛多于快乐，失望多于成功，因而无价值者，为余所不能信也。

（三）**道德界厌世观之证明**　此之证明，谓人生者，不幸也，无价值也。由客观界反复考察之，求所谓有价值之内容，而不可得者也。德与智，变则也；恶与愚，正则也。叔本华尝丑诋人生，不遗余力，曰：彼等皆粗造品也。凡粗造品，品劣而价廉，多所产生，因而多所弃掷，自然之理也。奸恶也，愚钝也，普通人之二特质也。大多数之人类，愚钝甚于奸恶，常濒于饥饿，而不知有高尚之精神生活，徒营营于一身及子孙之糊口而已。彼等常注目于地上，醉生梦死，一死而无复遗迹。彼等之愚钝，既如此矣，而又杂之以奸恶。彼等见他人精神体魄之优长，若财产名位之显达，稍高于彼等，则嫉妒之而憎恶之，其不敢侵袭之者，恃警察之力而已。豢猛兽者必以铁槛间隔之，人类亦然。以恐怖之铁，制为刑法之槛，始得阻其互相侵袭之行为。彼等苟一脱刑法之羁绊，则俄焉互相攻击。彼等所自诩为道德者，苟揭之于光明界，其种类皆同。其好交际也，由于夸炫；其有同情也，由于自爱；其重名誉也，由于恐怖；其守平和也，由于怯懦；其勉慈善也，由于迷信。间有少数之人类，奸恶之特质,超于愚钝者,必其意志较强,知识较多,故不为法律所制限,若猛兽之出柙然,蹂躏他人,无所不至。彼多数之怯懦顽固偏狭者,羊耳;少数之狞猛狡诈者,狼耳,狐耳。轶此二种之范围,而有智德者,仅矣。自然之创造天才也,一世纪中,殆不过二三次。其创造贤者也亦然。

此皆叙本华以其绝世之雄辨,弹劾人类,而摹写其不能有价值于道德界、知识界之状况者也。抱此等思想者,不惟叔本华,自希腊先哲倡言多数愚物以来,传诵之者,奕世不绝。若霍布斯,若鲁骇福德(La Rochefoucauld),若康德,皆然。

此等见解,然耶否耶?如以为然,则不可不以统计法证明之。世界之人类,果恶多于善,而愚多于智耶?欲确证之,则不可不为人口之统计。虽然,智愚善恶之差别,决不能见之于统计表,人之年龄形状贫富,虽可以计量,而道德及智慧之性质,无术以计量之。是故为人类平均价值之判断者,全恃特别主观之所经验,以为标准,若冀其判断之稍近于正确,则在乎判断者要求之适当,与其观察经验有便利之机会。彼夫断人类为大多数无价值者,其观察经验之条件,果如何耶?

凡非难人类者有二族,一为在宫廷者,二为隐居之哲学家。吾人通常以宫廷之人为通世故而知人性,然宫廷之生活,果适于研究人性耶?彼所谓相知者,皆宫廷之人,而宫廷之生活,果得望其有正则之行动耶?此甚可疑者也。法之鲁骇福德,观察路易十四之宫廷者也,所以养夸炫纵恣之习惯者,宁有过于非色野离宫者乎?观泰尾(Taiue)所记,法国贵族之集于宫廷也,非以尽瘁职务,而惟从事于王国伟大豪奢之表彰。彼等以无益之粉饰终其生,彼等之生活，非为己也，而仅为耸动世人耳目之作用，其所勉者，克剥人民勤动之所得，以纳于王之内帑，乃各借年金恩给之名以分润之，盖日朘国民之脂膏以恣其佚乐而已。其为养成恶德之所，宜也。腓立大王，常目苏尔采（Sulzer，十八世纪德国美术家，生于一七二〇年，卒于一七七九年）而言曰：彼乃亦不觉厝于此可憎之种族。此不特彼一时兴到之语而已。彼于晚年，常对其所亲者而为轻蔑人类之语气。虽然，彼果于人性有所知乎？曰：有之。彼有知何等人类之机会乎？曰：是必为常集于宫廷者无疑，若欺诬同职之外交官，若希宠竞名之文人学者，若热中于富贵者，此皆具服者所一望而知其志趣者也。虽其左右，亦间有出类拔萃者，若勇敢之军人，若正直之官吏。要之彼所交际者，大率干禄固荣之人。而大多数力田捆屦之民，非其所见。彼之所统计者，人类之小部分而已。

哲学家之少数，亦被许为能知人性者也。虽然，若叔本华、康德、霍布斯之流，果有善知人性之机会耶？是不能无疑。彼等见解之不得其当者，不一而足。如家族者，于普通人类道德性之发达，最有重要之关系者也，而彼等皆无之。彼等晚年，皆罹于茕茕无告之苦状。吾人读康德自叙，至晚年苦于生计之烦累，仆隶之纷争。及叔本华自记，至深匿财货，惟惧见窃，出入食肆，觅少许之佳话而不可得，未尝不为之惘怅而悲怜也。彼等不特无被爱恋、被关切者而已，乃亦无其所爱恋、所关切者。人之常情，亲其所爱恋、所关切者，常过于被爱恋、被关切者。而彼等乃皆无之，则其抑郁无聊，而谓人我间竟无愉快之关系者，诚无足怪也。人之对于普通人类，而施其亲爱若信用也，常本其狭少之经验而推之。人若既失其亲近之五人以至十人，则彼即有举世无亲之感。又若遇不见信不见爱之五人以至十人,则彼即愤而为人类之敌矣。又有不可忘者,是等厌世家,类皆从事于学问著述,则其关于人性之知识,大抵得诸学问著述之社会。夫世界夸炫、武断、谄谀、嫉妒之习,有甚于此等社会者乎?吾以为如叔本华者,苟稍移其考察学问家著述家品性之精力,而兼用之于平心静气从事职业之社会,则其判断人性之说,将为之改变,不至因是而抱厌世之思想矣。

且吾人盍一考中立不倚纯粹无疵者之见解乎,请以格代为标本。格代之为人也,健全而圆满,凡亲接德意志国民之生活,能抉其隐微之点,而得渊深溥博之知识者,殆未有过于格代者也。彼能不使其印象自客观界而逸遁,而其熔铸而叙述之也,又有绝人之技,是则吾人读其手简自叙之属,不知不觉,而被导入于彼之生活世界者也。佛朗渡(Frankfurt)者,彼之故乡也,其景物为彼少时之知己。其后,至来比锡(Leipzig),至士多拉堡(Strassburg),至射生哈默(Sesenheim),至威都剌(Wetzlar),而终抵威马尔(Weimar)。其交游中,虽亦发扬沉郁,不一其类,大抵安心乐道之人为多,而持道德界厌世观者甚罕。其间固亦不免有稍稍倾于邪恶者,而要以有恻隐之心,具正直之德,持公平之见解者为多。吾等进而观格代之诗歌,则其关于人性之理想,现身于客观界,而为模范人物,使吾人恍然亲炙其交游之人物,若格次(Götz),若耶格蒙德(Egmout),若海尔曼(Hermann),若多罗台亚(Dorothea)(四人皆格代诗中所写之人物)。举德意志各阶级人民之代表,而以诗人之笔摹写之,何一非强毅、镇静、和乐之态度耶?其间固亦兼写鄙薄柔弱谲诈暴戾诸性质,而是等皆不过诗中主人对映之资料而已。然则人类黑暗之一方面,能激起叔本华等愤怒轻蔑之念者,殆为格代所未窥见者乎？曰：否。彼于其寓言俚歌杂诗散文之中，痛斥当时文学家之夸炫狭隘卑鄙者，亦不一而足。若撷取之以为厌世主义之问答书，足以裒然成帙。即观其写魔费斯脱弗勒（Mephistopheles.《否斯脱》小说中之魔鬼），其淋漓尽致为何如耶！然而此等事例，要决不足破坏其亲信人类之观念也。

读者若犹不餍于吾之论证，则盍一读哥的哈弗（Jeremias Gotthelf）之《瑞士农夫谈》，或一读罗德（Fritz Reuter）之名著《斯通替德》（*Stromtid*）乎？其中之人物，固亦有沉沦邪径者，轻率怠惰者，愚劣无用者，然而谨慎静肃之态度，进取之勤勉，坚实之能力，健全之常识，活泼之观美心，关于他人福祉之热望，对于虚伪邪恶之憎恶，弥纶其间，使读者油然感之。其间未尝无因落魄而为竞争者，要皆以勇敢热诚与外力抵抗者也。且吾人盍读里歇多（Ludwig Richter）所写之《人类社会及其自叙》乎，诗人之自叙，莫善于里歇多矣。

夫哥的哈弗、罗德、里歇多之流，岂皆自欺欺人之乐天家乎？是必不然。吾人信人类之中，有纯全之德行者至多。吾人苟观人类于外界集合之场，鲜能得愉快之印象，若汽车，若大都会，若剧场，若公会，大抵喧扰耳，追逐耳，谗诬耳，夸炫耳，嫉妒耳，势不能无悲感。然而当生活范围狭隘之所，若家庭，宗族，工场之属，试即其各人而观察之，则感情顿异于前。恳至之父母，谨慎之族长，贤良之职工，随在而可见也。无论党见至深、恒发大言于公会之人，苟一莅议场，则凝神注意，而不敢轻忽他人之言，与其演说于公会之时，乃前后判若两人。可以证人类苟接近于实际生活之范围，则能发见其诚恕谦慎之德，此哥的哈弗之流所致意者也。如叔本华者，乃专观人类于远方若群集之所，遂如《否斯脱》中之华格那（Wagner）闻远方市场之喧扰而颦蹙矣。

诗人之观察人类，固亦有抱特别之见解者，若摆伦（Byron），若索克拉（Shackray），若法国及北方诸国（丁抹、瑞典、挪威诸国）之诗人，彼未尝不接近人生，而洞见其实际之状态。然而彼之见解，则谓人生之美观，以渐消灭，所谓光辉幸福亲爱诚实者，不过舞台表面之光景，苟一探其背面，则艰难残忍之属而已，是吾人所经验者也。虽然，是等见解，惟能适用于社会表面之人群，若政治家、俳优家、艺术家、会社员、发明家、著述家而已。自昔论者目政治为损人品性之具，以为一切公务，皆有损人品性之倾向，夸炫虚诈，殆与公务有不可离之关系。虽然，凡人类中，刺戟耳目之阶级，决非社会之中坚，苟有一国民焉，仅恃此等阶级之人类而构成之，必不久而崩解矣。表里违反之风尚，于今为烈，然则及何时而始无此风尚乎？及何时而使人一观背面之状态，无待改良之计画乎？虽然，及何时而能解吾人此等之迷惑，则至可疑也。今日者，诋諆人类，暴露人类丑恶之方面，为文学界风尚之题目，讦发人类之虚伪粗野，为诗文之任务，此岂人心倾向真理之情状耶？吾人所不敢信也。吾人于热望真理以外，又有一冲动焉，以见是等黑暗之生活为愉快，是仅足以养空谈若侮辱而已。彼艺术新派，所揭为写实主义者，果健全者耶？果有欢迎之价值耶？吾不能无疑。虚伪固非，吾人对于实在之状况，固不能掩目而不睹。世界虽有监狱，有病院，有疯癫院，人类之几将入此而尚未入者甚多，彼厌世文学家所持以为研究人性之资料者，果皆足以充监狱、病院、疯癫院之内容者耶？未可遽信也。自实际言之，彼等虽有可以充此内容之几兆，而彼尚不愿一蹴而就之，吾人不宜以其解剖书轻示于人人也。弗兰克(A. H. Francke)曰：吾人当赞美神明之善业，而毋语恶魔之劣迹，此不可不致意者。盖人心具有至易导火之质料也，可为至言。

苟人类不能如叔本华尽去生活欲望之说，则日抱厌世之义于胸中者，至危险也。吾人之于生活，诚不能有奢望，苟自知愿望之不可以尽达，与他人之未可尽信，诚亦足以防失望之苦痛。然使专心致意，以抉摘人类弱点为事，则徒足以养轻蔑人类嫌忌人生之习惯而已。盖厌世思想，虽不能猝袭健全之人，而素有厌世之倾向者，则濡染至易，积久而遂为精神界之痼疾。人苟时时顾虑气候，若过暖、过寒、太干、太湿之属，则一年之中，可以杖策而散步者，殆不过二三日。人苟循叔本华之说，积一切忤逆之经验于胸中，必驯至所见无非恶人，所至全无生趣而后已，曾何若寻味人生光明之方面，与人类可以敬爱之故，而强恕以行之耶？叔本华之忠告吾人也，曰：宜常注目于人类黑暗之一方面，以养憎忌人类之思想。吾则以为忠告之言，盖有逾于彼说者，曰：有德于人，毋望报也，亦毋望人之有德于我。苟由是而得意外之施报，则至可喜也。世人苟去其互相恐怖之念，则不特以爱助于人为喜，且以不待干请而能助人为喜，此至确之事实也。且人苟施而不望报，则当夫受者以诚挚之意，现为感谢之容，而益觉其愉快矣。今之世界，一方面虽有厌世主义，若倨傲之社会民主主义，而一方面，则慈恕之道，固有实行之者。夫鼓励慈恕之感情者，诗歌之职也。诗歌者，非为人类描无影之幻象，而在乎应有尽有。自感情小说之骄子，使吾人失其对于实在之兴会，而于道德界生消化不良之疾，吾人之生趣，遂为之泯灭焉。今之时代，其此病流行之期乎？往者，奥尔摆赫(Auerbach)

及弗拉太格(Freytag)小说之盛行也,其于市民及学者之道德,不免失之夸炫。今也承社会主义家批评之影响,而酿为反动。反动之弊,不久而将去,所不待言。艺术之本领,在描写健全活泼进取之生活,而一切虚伪邪恶卑劣,则藉为对照之资料焉。彼据对照之资料,而以正笔描写之,是谓艺术之病,适足以播其病于人类而已。

由是观之,厌世主义者,非能以科学之理论以证明之,不过以各人对于人类之经验,循普通结论之式,而表示之云尔。生活无价值之结论,即人不善我,我亦不爱人,而人我之安宁,皆所不顾云尔。吾人皆有以一人经验,构普通结论之倾向。人苟遇二三英国人,而意气不甚相合,则必构为结论曰,英国人者,无礼仪无知识之人民也。

且吾人关于人生及人类之邪恶,尤常欲构为普通结论,以为镇静慰藉之资。例如为妻女所绐者,常欲为女子难养之说。著述而不为世所重者,常欲为世人不辨黑白之说。且如吾人遇一失意之人,而告以此为希有之遭遇,则彼将益增其苦痛;苟语以此等运命,为人人所不能免,则彼之苦痛顿减,皆其例也。叔本华者,历受教习、恶少及妇女之轻蔑,而不胜其苦痛,由是而立厌世之说,盖基于其特别之经验,而立为普通结论,以自慰也。是故厌世主义者,彼之良药也。彼常因其胆液质之缺点,而生恶感,则以此药疗之,虽未能去其痼疾之根本,而时有轻损苦痛之效,如麻醉剂焉。人之感情,本有自触发之而复自镇定之之性质,普通结论,即其所以自镇者也。世界惟我失意,惟我不见礼于人,则不免有自取其咎之嫌疑,自得普通结论,而人人皆有此不幸,则人类之不幸,为理势之当然,而我不至自立于非难之冲矣。凡人蒙利己主义之定评者,恒感叹于利己主义之横流，且彼苟与人交际，而不能餍其利己之欲望，则动以利己主义诋人，亦其例也。

（四）历史哲学界厌世观之证明 文明进步，而人类益增其苦痛及邪恶云云者，叔本华与卢骚其代表也。叔本华由感情界立说，而谓文明有增进苦痛之倾向；卢骚由道德界立说，而谓文明有增进罪恶之倾向。

厌世之历史观，有输入于常识者，亦未可忽视也。历史阅历之思想，随基督教而流行于欧洲国民之间，如犹太小说然。以具足生活为在事物之始，彼言人类原始之状态，纯洁无罪，而享幸福于乐园。历史者，人类堕落之始，阅历之究竟，则为末日审判。盖罪业困难及堕落之潮流，日增其势，人遂将构成一反对基督教之王国，而世界由是灭亡矣。希腊人之历史观，亦有持此见解者。诗人希西亚若（Hesiodos）尝历记世界之年代，谓始于黄金时代，而终于铁时代，又自叹不幸而生于铁时代焉。此等思想，可以生理学说明之。老人之气质，恒于过去之时代为乐天观，而不属意于现在，盖彼无能力以赴现在之事物，又不求其原因于己，而归咎于时代，于是常忆其少年时代之赫濯矣。盖老人者，有维持历史之力，使少年因彼而得过去之知识，若历史之光明者也。凡少年于特别荣誉之倾向，与其家世名德之倾向，常有关系，而德育之机关，与凭藉历史之倾向，亦同一作用也。凡人以特别原因而不满意于现在者，恒好称述过去之所长以耻之。

皇古寓言，因历史学之发起而消灭。本文明之进步，科学之精研，而投其光于实际之过去，吾人之历史观，大为之变化。十七世纪之先哲，既移过去之黄金时代于未来，十八世纪，又据新见解而整理其秩序。从知历史之阅历,由黑暗而光明,由草创而完备,确为进步之状态,此其研究之鹄的,盖当历史学启蒙之时期而既达矣。

卢骚者,反对此乐天之历史观者也。文史哲学主义(Die Philosophie der Romantik),如西零者,对于原始种族,颇抱纯粹完全之观念。叔本华虽亦治历史哲学,而全为文史哲学之苗胄。其于历史中进步之倾向,一无所顾,悉抹杀其内部关系之神理,而谓历史中所演之剧,不变其内容,而仅变其姓名及服饰者也。其间随历史而发达不止者,惟有苦痛,故得谓动物之幸福,过于人类,而实则动物之不幸,少于人类也。人类知识日增,而苦痛之新原因,亦随之而日生矣。

叔本华此说之证论,得约举之如下:(一)生物者,随其性质之进于复杂而益感苦痛者也。所谓文明进步焉者,即需要增加,而满足其需要之作用,亦随之而增加之义也。然则欲望也,困难也,失望也,宁不随之而增加乎?(二)人类者,随知慧之发达,而益能洞察未来者也。动物者,于现在之生活感瞬时之苦痛而已。及其生活之大不利,而竟死,则固非其所豫知也。人类则往往豫见不幸之相袭,老死之不可免,而恐怖之,忧虑之,以增其苦痛,是最大之苦痛也。畏死之念,常有迫人以自杀者。(三)人格有二,不仅现实之己,而又有理想之己,是也。理想之己,其受损也尤易,其感苦痛也尤剧。名誉之不得,恋爱之不遂,为苦痛最永之源泉。人之受诽谤失名誉也,其苦痛盖远过于肢体之创伤也。重以此等伤残之机会,随文明之进步而益增,盖文明程度益高,则社会益以复杂,人类互相依属之关系,益纷多而强固,则人益立于抨击之冲。观农夫之生活，大抵萧闲，而政治家、著述家之生活，抑何况瘁，则思过半矣。(四)人类之生活益发展，则同情之感益发达，而人我之苦痛交迫之。动物者，见其同类之苦痛及死亡，而漠然不为之动，人类则虽在野蛮蒙昧之时代，而已寄同情于其周围之人，见其所爱者之疾病若死亡，则与身处其境无异。是故最善良者最多苦痛，盖既有特别之苦痛，而又加以普通之苦痛也。无郁忧病之痕，而能为善士伟人者，非吾所能想象也。

此等见解，非不合于事实，如其所见太偏何！人类进化，不特感受苦痛之性，因而增剧，其于快乐之一方面，亦复日益激昂，日益复杂，而且日益巩固也。吾人若假定有脊动物之苦感，较无脊动物为强，则于肉体生活之现象，说明较易，如取虫类而引裂之，彼亦诚感苦痛，然较之犬类仅截一股神经之时，不可同日语也。而犬类当狩猎之际，其快乐之感，又岂蚯蚓得食之乐所能比拟与。

是故吾人若本真理而言之，则不能不据厌世家之说而为之补正。(一)彼谓人类随生活之发达而需要增，则苦痛亦增。夫需要增进，则所以应其需要之作用，不亦与之增进乎？吾人缘是而动作日益复杂，则得施展其最伟大最发达之能力，而快乐之感，亦随之而剧增矣。试观德意志海岸之居民，若农夫，若职工，若渔夫，若水工，其较之历史以前同地居民之生活，何如耶？彼其劳心力，感困乏，诚倍蓰于古人，然其勤动之效果，亦岂古人之快乐所能比拟者。吾人非敢质言快乐之增进，较苦痛为剧，其理或然，而特无以证明之。虽然，使必谓苦痛之增进，较快乐为剧，又岂有说以证明之与？

(二)彼谓人类因豫知将来与苦痛，而触发其忧恐，则苦痛益增。然使一切苦痛，仅成于一时之感觉，则非吾人所难堪。盖吾人之所以为缺乏忧愁及肉体之苦痛所压制者,以为由此发端,而将不能骤脱云耳。至于快感之所以有价值,乃诚在豫期之希望,故吾人敢质言人类之感情,因希望而益增恐怖,盖无所谓不幸矣。人之气质,不必尽同,而吾人于将来之豫期,被欺于恐怖者,不如被欺于希望之甚。至于记忆,则尤常以乐天观欺吾人者也。吾人于过去之幸福及胜事,常存于记忆,而为快乐之源泉。记忆者,以理想改正过去之图画,悉删其所杂苦难之痕迹,而仅留快乐之印象者也。至于过去之苦痛,苟充塞记忆,则失其刺戟之性,如彼遭破家之戚者,为不觉苦痛之忧郁,是也。且吾人常因经验之困难灾祸,而发生自尊之念,试观自叙行述者,夫孰不有护前之癖欤。

(三)彼所谓理想之已受损之苦痛。则夫竞争胜利之日,因完全之名誉而得快乐者,优足以偿之。人之求名誉也,使不劳而获,则亦何以发展其高尚之才力乎?且如理想之已,虽受损伤,而吾人固自有疗治之良药,此尤吾人所不可不记忆者。损伤及疏略皆能使人矜持,而矜持可以药苦痛,此则叔本华所当引以自省者也。

(四)生于同情之苦痛,其理亦然。人我既得幸福以后之快乐,优足以偿之。谚曰:贻人苦痛,苦痛仅半,贻人快乐,快乐二倍。信斯言也。快乐之利益,四倍于苦痛。然则人我同情之感,不且于人类幸福有至大之效力欤?

约而言之,由文明进步,而苦痛之种类及强度,固随之以增,然快乐亦然。是以历史派之乐天主义者,谓历史之进步,确增幸福;而其厌世主义者,则又谓确增苦痛也。吾人于此两说,皆无以证明之。盖在理论,虽皆能自圆其说,而在实际,则无可为证凭者。吾人惟得一最确之结论,则所谓文明进步,则感受性增进,而苦痛快乐皆益自强大而已。然则苦乐之比例相等与？曰，是或然。然苦乐之和，必非如正负两数之和而成零。盖吾人观于康健及普通之体格，多于病弱而畸形者，则不得不疑快乐者，较之苦痛而尤为普通矣。虽然，吾人反复求之，所谓感情之种类及强度者，不特不能统计而已，且吾人当统计之始，不得不于一定之时间，而询各人以为苦为乐。而答者恒曰，余两无所感也。使问者欲再请其注意，而彼必答以不能。然则人类自于苦乐之感，抑何尝有特别重要之关系，如乐天论、厌世论哲学家之所论证者与。

（五）道德界历史之厌世观　道德界历史之厌世观，卢骚于前世纪之后半，所大声而疾呼者也。彼以为人类原始之状态，无罪而有德者也。自文明进步，而以渐浇漓，故吾人苟能以渐接近于原始之状态，则纯洁朴厚之德，以渐发见矣。是等美德，决不能见于巴黎交际社会、与夫非色野王宫，惟于农夫牧竖之间，庶几遇之耳。彼之第一著述，最脍炙人口者，对于科学艺术能否改良风俗之问题而作者也。彼谓道德颓废之原因，即当于科学艺术之发达求之。其后提容耐（Dijon）大学以人类不平等之原因问题，悬赏征文，彼作文以应之，则变其前此之见解，而谓道德颓废之直接原因，在社会阶级之发达。其略曰，文明进步，而贫贱富贵主从之区别起，人性本善，而渐加以不良之进化，一方面，使为若主者有据傲骄侈残虐之行，又一方面，使为臣下者有怯懦卑屈虚伪之习。重以社会分化，而事物渐有背于自然评价之倾向。事物之自然价值，准实际需要之度而生者也。而在社会，则以便宜之价值，代自然之价值。凡事物能使有之者显著于社会，其价值始贵。如珠玉本无何等价值，其所以有价值者，供文饰之需耳。自社会以此等为富贵之标准，而始得莫大之价值,此其价值,由为他人所不能有而起耳。知识亦然,在文明社会,有知识者得以显著,然其知识,非人生实际需要之知识也。有实际需要之知识者,其为人,常谨慎而聪明,而所谓文明与学识之作用,则屡屡与是反对,抑压人类健全之常识,及自然之判断力,夺社会根本道德之文雅,而代之以虚伪及浮华,以腐败社会之生活焉。彼于《民约论》中,约言当时文明及启蒙之关系曰:吾人有不德之名誉,不慎之理性,不幸福之快乐而已。此尤传诵一时者也。

卢骚之见解,亦复持之有故,而究不免失之偏激焉。由文明进步,而社会分化,新生种种恶德,诚所不免;然种种美德,亦由是而生,不可忘也。为君主者,于前述诸恶德外,不亦尝有勇敢大度节制威严审慎诸德乎?为臣下者,于前述诸恶德外,不亦尝有忠节致身诚实诸德乎?凡人在社会间之地位,苟适宜于其天赋之能力,则其从事职业也,其性质之发达,较为便利,此无论其地位之上下,而皆当认为有幸福之关系者也。事物亦然。文明之产物,不徒有技术之价值而已,科学及艺术,固不免有增浮饰靡者,然其合于自然应于实际之价值,亦不得而抹杀之。货物之由工商业而制造,若输运者,岂得仅视为有技术价值而已乎?卢骚梦想自然状态之无罪而有福,此路易十五世时代之梦而已。是犹南海诸岛及北美土人,其所梦想者,非实际世界之反映,而仅为反对其社会生活之状态而已。吾人苟直接与蒙昧之民族交际,则决不能见有矜持正直福德具备之野蛮人,如十八世纪诸小说所描写者。善乎,约翰·穆勒之论自然也,曰:人类贵重之性质,非自然之赐,而文明之效力也。吾人平心而观察之,勇敢、诚实、清洁、节制、正义、仁爱诸德,皆为后天之性质;而恐怖、虚伪、不洁、无节、粗野、利己,则转为野蛮人类之特色焉。

然则道德者,果随文明而进步乎?吾人诚所赞成。然而历史学家之持厌世主义者,对于穆勒之见解,则力攻之。以为未开化之人民,固未具有文明社会之美德,然而文明社会之恶德,则彼亦无之。不观欧洲大都市之无赖社会乎?又不观隐匿于善良社会之名,而其秘密为举世欢迎之著作家所暴露者乎?凡野蛮人之凶德,彼等何所不有。秽劣之佚乐也,狡狯之恶意也,儿戏之伎俩也,是等岂皆变例乎?以文明之数量计之,不道德方面之发展,盖远过于道德之方面也。是等思想,欲有以质证之,莫如具体之问题。试考察新德国国民之道德,以与启蒙时代、宗教革命时代、十字军时代、以至日耳曼时代之德人相较,其优劣果何如乎?吾人得为结论曰:文明进步,则道德之文化,亦随之而进是已。盖快乐及苦痛之感情,日益增剧,则德与不德之程度,亦日益发展也。动物者,立于奇零之点,无善无恶。道德之分化,始于人情具备之时。人类在最幼稚之阶级,彼此互相类似,尚无明了之区别。及文化进步,而各人善恶之识别渐彰。其间庸俗之流,尚在中立之地位,善恶之冲动兼收而并蓄之。惟具特别人格者,始可确然为善恶之区别矣。一方面,为神圣之爱,致身之忠,对于真理及正义之热诚;而一方面,为非常之败坏。虽然,即此两方面而对比之,善多于恶,恶之为变例,为对比于善而显著之之作用,盖不容疑,而其事殆将与世界终古焉。希伯来之神语,谓自然世界,自明暗分离始;历史世界,自善恶分离始。基督教本之以演为教义,则谓历史之内容,由其善恶分离之阅历而成。神界,魔界,善恶之对比,至明晰也。而人类位于两界之间,次第分为二群:或超入神界,或堕落魔鬼,及全人类悉为两界所吸收,则为审判之日。对于作恶而堕魔界者,为绝对之分离若放逐焉。

或曰:苟文明进步,而吾人快苦之感性增,于是道德分化而善恶之强度亦增,则所谓道德及幸福之增加,能多于不德不幸之增加者,可疑也。且历史之自然阅历,不能放逐邪恶,而必待末日之审判。然则厌世主义,非至当耶!人生无正鹄,无价值,如叔本华所揭者,非正当耶!人类之不辞勤苦郁闷,而以身为牺牲者,不亦大无谓耶!

曰:吾人不能作是想也。谓善之与恶,快之与苦,常以同一比例而发现及增加,因而积极及消极两分等之和,等于零者,殆不合于事实。善与幸福,较之恶与过误,常过重,而此过重之分量,又常为同一比例。此虽无术以证明之,而不妨姑信之者也。信斯言也,则吾人于厌世主义之说,又安能赞成之乎?

厌世主义之论证,率以历史生活之价值,为在能实现绝对幸福绝对完全之终局,此谬见也。此等终局,本非吾人所可期。盖历史之生活,所谓一无抵抗者,非吾人所能想象,而所谓绝对幸福绝对完全之世界,不特吾人之黾勉无所用,而生活亦且废弃也。且也,生活之价值,本不在其终局,而在乎全体之阅历。故待(特)别之生活,皆各有其价值,如幼稚及青年之价值,初不在乎能达壮岁,而自有其幼稚时代、少年时代之价值。其在壮年及晚岁者亦然。此事亦得以历史证明之。吾人之思想,常希望将来时代之幸福及道德,胜于前代,然使其不能尔尔,吾人固亦未尝归咎于历史。盖时代者,不徒为驯达完全正鹄之阶段,而又以其各遂固有之生活,有独立之价值也。希腊、罗马之国民，初不以其遗文明之泽于吾人而生活，彼等固自有其生活也。彼等之生活，自占人类全体大生活之一部分，非仅附属之价值也。人类之历史，即如原始基督教之所希望，仅及基督降生后第一世纪而止，而以前历史生活之价值，初不以此而消灭也。惟是历史生活之各时日，虽各各自尝甘苦，自占价值，非其余事实所能夺，而其价值之所以高，则在与后此时日为合理之结合。盖历史生活，犹演剧也，彼实至大之剧。而诗人所编之剧，则不过模仿其斯须耳。人未有谓剧之各出必待全出告终，剧中人物皆有归宿，而后得价值者。盖各出者，固于全剧内容之中占其一部分也。而此各出者，又不可为孤立之断片，必有扼要之枢，以组织为合理之全体。历史之阅历亦然。特别之事实，特别之人物，决不止于无关系之集合若继续，而必能形成合理之全体。虽然，孰能举人类历史由全体观念而演绎为各部分之状态者，凿凿言之，如善观剧者之定评乎？是为历史哲学之职分，而终恐此等说明，终为神之哲学所独具，如毕达哥拉士之言也。格代曰：吾人之于人类历史，犹常人之观剧也，徒赏其特别之事状，常新之变化，而不能领会其全体之意义也。吾人研究历史，常由各方面，搜集断片，其能熔合此等断片为全体，以抉出人类历史神圣之思想而说明之者，不特尚无其人，而亦不能期其人于将来。惟吾人往往有见其全体组织之愿望，是即所以使吾人能信宇宙者必有普通之理性，循其内界确不可易之性质，以联合历史生活之要素者也。吾人之为自叙也，常自为讼直，苟人类当其末日而作自叙，则见其历史中种种劬劳争斗困难失败之迹，亦必自为讼直，而决不为神恶论之口吻也。

第四章　害及恶

(一)物理界之害　人类之害,余别为二,物理界之害及道德界之害是也。物理界之害,又有二别:一外迫之害,其原因在自然界者,是也;一自具之害,吾人身体及精神之弱点,是也。

物理界之害之外迫者,即一切自然势力,能障碍吾人之所需要及希望者也。确土之民,恒濒冻馁。居热带若寒带者,其动力常为气候所压抑。其他若水旱地震一切意外之灾害,皆属之。综合是等一切之害,而以一最普通之概念言之,则得谓之吾人动作之鹄之抵抗。抵抗之最普通者,苟其无之,则吾人之动作及动作之鹄,亦随之而消灭。世界一切之事业及文明,固无不起于抵抗决胜也。使田自生谷,圃自生蔬,则无所谓稼穑树艺;使气候适应于身体,则无所谓建筑;使一切什器,天造地设,则无所谓工艺。如是,则与方士所谓仙境者无异矣。夫吾等所居之世界,所以异于仙境者,正以有各种抵抗,因而有与此抵抗相应之动作。故吾侪今日之资性,与其居于仙境,正不如居此实际世界之为宜也。至若特别之抵抗,则其及于吾人之效果,亦与普通抵抗无异。洪水者,示堤防之法,火灾者,启建筑进化之机。虽亦有特别之人,或于特别之抵抗,特见为有害而无益者,然能利用之,则亦未尝不可以转祸而为福。他日追忆前事,将恍然于不幸之遇,未必非福也。祸害之来,或以自力胜之,或以他人之助而胜之,则不惟不为吾害,而转为美利。事后思之,其乐无量,此其况味,人亦孰不经验之哉。

由是而知自具之害,若所谓身体及精神之弱点者,其效果亦然。使有人焉,其体魄至强,其角胜外界之力至大至久,迥绝恒蹊。又若有人焉,具绝人之智力,识别事物,从无迟疑谬误,则其所得,乃与前所谓居仙境者无异。盖人类势力之增,与外界抵抗之减,其效本同。充其量,必至于仙境而后已。谷物之有价值,以其力耕而得之,若不劳而获,则价值尽失。人之能力,亦犹是也。吾人具此官体,适宜于此世界之生活。故种种生活,与吾人之意志感情无不相应,居超越人世之境者,固宜别有超越人类之官能,而吾人之官能,固适合于吾人之职分矣。且使吾人仅此官能,而又益以疾病或聋愦废疾之属,益有以弱吾人之性质及势力,而其效果,乃亦与外界意外之害相等。疾病者,教人以卫生却病之术,且使病者及其家属,知整理家政,鼓励其生活之势力,而养成忍耐恭顺亲爱恻怛诸美德。至若聋瞽诸疾,虽不免有困难之际,然或因此而使其他官能具特别之能力,有特别之发明,盖常有之,吾人虽不能举种种疾病,而悉胪举其效力,然吾人自具之害,苟能利用之,亦未尝不可以转害而为益,则固已较然可睹矣。由是观之,害者不特为现实者,而且为必有者矣。

鸠之能翔于空中也,以有空气之抵抗,而彼乃以为苟无空气,则其翔也更自由,此康德所以讽人,使知悟性之动,必须经验实事者也。人之意思,不可无对象之抵抗,亦然。无抵抗则无动力,无障碍则无幸福,纯粹之幸福,为纯粹之真理然,有之者其惟神乎?在人类,则享幸福者必当有障碍若损害,犹之识真理者必当有蒙昧若谬误也。

(二) 道德界之害　物理之害,为人生所不可少,如此,抑未知道德之害,即吾人所谓恶者,果如何乎?

余以为恶者,亦人类历史生活所不可少之原质也。何以言之,凡恶之原型有二,曰肉欲,曰我欲。肉欲者,感官之冲动,或为理性及道德之力所不能制,而暴露其弱点,如放荡、怠惰、轻率、怯懦及一切不节制之类,是也。我欲者,损人以利己,如贪欲、不正、恶意等之渊源,是也。苟肉欲、我欲,一切消灭,则世界因无所谓恶,而亦将无所谓善。慎重、忍耐、刚毅诸美德,必有与之抵抗之肉欲存焉。使人类无痛苦之恐怖,则无所谓刚毅,无快乐之刺戟,则无所谓节制。故恶朕不存,则美德亦无自而起也。无待乎恶而为善者,意者其惟神之德乎?然而非吾人之所可思议矣。人类交际之德,亦必有感官自然之我欲,与相对待,苟无我欲,则正直仁爱之德,亦无自而生,盖一切美德,无不含有克己之原质者也。

不宁惟是,即外界实现之恶,亦为玉成美德之一要质。验美德之扩充,由其与实现之恶相竞,违反正义之事,使见者受者,勃然增权利之思想。诈伪狡猾,所以表真挚笃实之价值,而残忍溪刻,则又为慈祥宽大之反影也。

凡人类中所称为伟人者,无不先与恶竞。苏格拉底之名,于今不朽,以其为宵小所忌,仰药自尽故也。耶稣之所以为耶稣,亦以其被磔于十字架故。彼不尝自言之乎,曰,我之所以备尝艰苦者,即所以跻于庄严圆满之域者也。盖其甘处磔刑之心象,所以激人类畏敬之心,与夫坚定之志者,其力莫大焉。使当时无保利赛人(Pharisacer),无腐儒,无凡僧,无俗吏,无狂乱之民人及凶残之兵士,则不能映表耶稣。是等恶象,犹庄严佛象之金粉然。古昔赞美歌,盖以此等为救世主运送幸福之罪过焉。

是故吾人苟于古今历史中,删除其一切罪恶,则同时一切善行与罪恶抵抗之迹，亦为之湮没，而人类中最高最大之现象，所谓道德界伟人者，亦无由而见之矣。

不惟此也，历史界生活之内容，亦且因之而消失。盖历史生活之形式，不外乎善恶相竞之力，与时扩充而已。邻国无侵略之谋，则何事军备，国民无不轨之行，则焉用法令。军备法令，国家之所以与外交内政之阻力相竞争者也。使一切阻力悉去，内而人民，外而国际，无不以正直、平和、慈祥、乐易之道相接，则战争、外交、裁判、警察、行政界一切进取之气象，悉为之消失，而圆满之国家，亦不可见矣。宗教者，亦不外善恶相竞之形式，使诸恶不作，人类悉为神圣，则宗教亦随之而灭焉。

恶之不可免也如是，然则恶亦为正轨乎？其亦与善有相等之价值乎？余以为不然。恶之为恶，非自有存立之价值若权利，特对于善而存立，以为实现诸善之作用云耳。善之与恶，犹明之与暗，画工不设阴影，则无以发光彩。然其本意，固在光彩而不在阴影也，犹古人所言烘云托月也。诗人亦然，不描写庸恶陋劣之迹，则无以见俊伟美善。然其本意，固在俊伟美善，特借庸恶陋劣诸象以显之耳。无论生活界历史界，凡善皆独立自存，而恶则附属之，以为刺戟抵抗之作用。故恶者，消极者也，无自具之价值，其为实现之事，则由对待于善而然。彼本具自相矛盾之性质，故无组成之力。康德曰：恶者，与其矛盾破坏之性质，不能须臾离者也。然则世界无积极之不德明矣。

不德之无规则，如误谬然。凡真理皆有尽一之统系，而误谬则无之。耶比克脱（Epiktet 亦作 Epictetus，斯多噶派哲学家，生于六〇年，卒于一二〇年）曰：谬误者，无正鹄者也。目前之事实，善人或蒙困厄,恶人或被尊荣,而历史则有公论焉。仁人义士之生涯,虽极至艰难辛楚,无地自容,而功德既立,千载不朽,其同时庸恶之流,虽穷极豪侈,而没世则名不彰焉,此历史之所以垂训者也。观耶稣之事,其理最明。盖历史之迹,足以动吾人高尚之心、坚定之志者,诚未有如耶稣被磔之甚者焉。

方披拉图斯(Pilatus)之罪耶稣也,曰:汝不见罪汝、赫汝者在汝目前乎!其意气之壮如此。当是时,彼之目中,固仅有一僭称犹太王之一狂人,其死生存亡,与罗马帝国曾何关影响。然自今观之,则不特主客易位,而披拉图斯与其他俗僧凡吏之事迹,悉皆湮灭,其所流传后世者,仅此磔死狂人之事迹。盖德人叙耶稣惨死者,不能不及披拉图斯之名,故耶稣遗馨千载,则彼亦随之而遗臭。其所以千载不朽者,非其荣誉,特使后人知当时裁判教案之人,不足为定谳云尔。

由是观之,恶人之事迹,率皆湮灭,其偶有流传者,特为粉饰善人事迹之具,固确不可易矣。

然则吾人安知此等记忆,非即神之意识中无上记忆之一部分。而此等悠久之意识,非即精神界事物本原之实体耶?且安知此等善为实,恶为虚之意识,其在无上意识中,非如光为实、暗为虚之确实者耶?

昔奥古斯丁(Augustinus)尝本雅里士多德勒之言,以驳波斯教徒(Manichäer)曰:恶者无自具之性质,特因善之缺陷及消失而名之为恶耳。斯宾那莎及拉比尼都,亦以为圆满及实现者神而已。善与恶之区别,本于吾人不完全之考察法耳。其在统一事实之神,则一切皆为必有,皆为圆满焉。夫吾人不能离我而考察事物,而吾人于一切事物,既知其为写象,而非本体矣。且吾人知恶者非与善有同等之价值,而其对于善也,亦非有积极之势力。然则世界虽善恶互见,而不得谓世界之无价值,固已明矣。

(三) 余之见解非寂静主义　世或以余之论害恶也,谓有不可免之性质,固疑为寂静主义者,是大不然。余之见解,非谓害恶既不可免,吾人当安坐而认容之,谓既有害恶,则吾人随时随地皆有攻击之制压之之责任也。盖世界之有害恶,所以供吾人攻击制压之鹄的。苟吾人见其为必有而遂认容之,则大误矣。疾病之不能振起医术,及练习忍耐悲爱之情者,困穷之不能动心忍性者,诈伪之不为真理战胜者,恶意之不为善心屈服者,是皆实际之害恶,吾人不可不尽力攻击之而制压之,岂有坐视其蔓延者乎!

或难曰:害恶既为世界所必有,则世界未毁,害恶终无由而灭,吾人虽努力攻击之制压之,亦徒劳耳。斫须特拉(Hydra)之头,屡斫而屡生(见希腊人传奇中 Hydra 卒被 Herakles 所焚死),斫之何益?信斯言也,其不袖手而坐视者几希。

余答曰:吾人之与害恶竞争也,其动机之所由,不在战胜以后满志之写象,而在于受此害恶之压迫。人明知达一需要,除一障碍,则必又有一新需要一新障碍随之,然曾不足以杀其奋进之力。盖无论何等事状,必有一必得之效果,即以正攻邪,以善攻恶之实际,是也。吾人最重之职分,不在满足人类之幸福,而在自营其正当之生活,此其正鹄,随时随事,皆可以达之。格代曰:有能力者,直道而行,不问其效果如何。谅哉。清静无为,而坐待害恶之压迫者,不特不能制压之,而且为之屈服,不勇敢,不活泼,是即沮丧衰弱之源也。苟自强不息,则不惟自感其能力之可恃,而且时时觉害恶之屈陷于我也。此其为满足也何如！夫岂以去一害恶又有一害恶随之，而遂为之短气哉？未来之害恶，关系于未来之人类，非我所敢与知。而除去目前之害恶，则吾人之职分也。

由是观之，余之见解，非导人以寂静，而实使人宁静者也。吾人知究竟之效果、知善之必胜，则足以消愤怒之情，而起悲闵之念。何则？人苟见恶之终胜而善之终败也，则矜闵恶人之心，虽仁圣犹或难之。今则不然，恶之为物，本无可存之价值，其所以存，则将以发挥吾善也。则悲闵起而愤怒杀矣。耶稣之将死也，不詈凡僧俗吏，而乃为之祷于神曰：请恕彼等，彼等盖不自知其为恶也。夫彼等欲灭耶稣，而卒无效，耶稣虽被磔，而精神终古不朽，彼等乃反为天下后世所诟詈也。虽然，是固非耶稣所为，彼等自造因而自食其果焉。

诗人之写善人也，虽处困厄凄怆之境，曾不愤怨其反对者，而从容就死，如科迭利亚（Cordelia），特西摩奈（Desdemona），是也。然彼等卒能以善胜恶，恶之势力，不足以破坏其内蕴之平和，而适足攻错之，以成其完全之品格。过此以往，恶之为物，不期灭而自灭矣。

由是观之，吾人之于害恶也，必以正大及活泼之作用与之力战，使归于善而后已，则始为尽职焉。

世人对于害恶，常有二误：（一）意气沮丧，转为害恶所胜也。（二）神经锐敏，于害恶之原素，分析太过也。精析害恶者，海姆利脱（Hamlet，相传西历纪元前五百年顷之魔王）之技，适以自取覆亡者耳。

（四）论生死　夫人之所视为大害者，曰死。无论其为一人，为国民，为全世界之人类，殆皆视为不免于死者。

虽然，是谬见也。人之有死，不特自外界观之，有不可免之势，即自内界察之，亦实有不可免之鹄焉。格代曰，死者，自然界所以得多许生活之善策也。夫自然界欲营历史之生活，计诚无善于有死者，无时代之变易，则无历史。不死之人类，其将营所谓非历史之生活乎？此其内容，非吾人所能想象焉。且也，既无所谓死，恐亦将无所谓生。人类无亲子之关系，则凡深邃之道德心，如慈孝亲爱，恐亦将无自而付畀。是故人类既欲营历史之生活，则死之不足恶，固亦明矣。且也，人类之生活，本非有无限之性质，盖限于其能力若内容也。自生理学及心理学观之，各种动作，皆有循环之倾向。故思想行为，恒有一定之形式。然又有一相等之原则焉，即循环之动作，恒不免积渐萎缩其作用，而终抵于麻痹之境。意志及悟性，变动不止，积久则亦渐失其应变之弹力。人之老也，虽日接外界之事物，而不能受其新影响，亦无自而利用之，茫茫若隔世之人。及其既衰而死，则并非外力侵袭之咎，而其本体固不能不如是矣。在生者视之，以为彼既尽其生活之职分矣，虽死无憾。即死者之自视也，亦然。然则生者死者，皆以死为自然之规则焉，何害之有？盖死者之所欲为，夫既已经验之矣，其所为者，固已显于世界矣，其所为尽力之子孙，若国民，若真，若善，若美，则固不随之而俱死也，曾何憾焉！

若乃中年早逝，未得尽其职分，或生无几时而夭折，则事殊前例，几不可解。又或疾疫蔓延，无论贤愚老少，死亡相继，则虽贤人君子，亦不免因而惶惑。盖此等特别之事，诚未易以理论证明其正鹄。当此之时，惟有感人力之微弱，悼天道之难知，而益增其敬慕上帝之念而已。惟早逝之人,为生者所恋悼,恒倍于寻常。希腊人常以青年士女之早世为非不幸,梭伦(Solon)之言可证也。且以他方面观之,则皆夭死之不专属于老人,而其他少壮者,乐易者,勤奋者,亦或不免。此等生活界普通之秩序,亦稍稍有可以理论,证明其正鹄者,如希腊贤人布里奈(Briene)之训毗亚斯(Bias)曰:汝平日所以自完者,当使汝虽旦夕而死,亦无遗憾,与寿至百年无异焉。此稍稍足以解释之矣。吾人之寿夭,不能自知,虽速死而无遗憾,虽老寿而不失其毅力,吾人所当务也。无问寿夭,而悉已为之准备,则虽死而何憾耶?(按此与吾孔子朝闻道夕死可矣之意正相吻合)

人死而功业足以利后世,则其人之生涯,犹存于子孙国民之中,虽谓之不死可也。若乃国民有时而灭亡,世界有时而殄灭,则奈何?时则人生价值之基,不且一切为之破坏耶?夫国民生活之阶级,不能免于循环,与一人无异,而仅有大小之别,此不可易之论也。征之历史,国民皆不免有老衰萎缩之时,若思维行为一定之习惯,若历史沿袭之思想,若构造,若权利,与时俱增,于是传说足以阻革新之气,而过去足以压制现在,对待新时代之能力,积渐销磨,而此历史界之有机体,卒不免于殄灭。当是时也,各人又安有能力,用以生殖传衍,本旧文明之元素,以构新历史之实质耶?人类全体亦然。虽非历史所能证明,而以此论推之,知其不免于绝灭。征之物理学,恒星及太阳系统,皆当历生长老死之阶级。其生也,自他星体而分离,由是发展焉,成熟焉,经无量数之生活,而乃老衰焉、萎缩焉。若地球,若人类,亦莫不然。

人类之不免于殄灭也如是。然则人类之生活,又有何等价值耶?余以为不然。花之开,数日耳,歌舞,数时耳,而价值自若。凡内容有限者,其现实亦不能无限。人也,国民也,人类也,其生活皆然。其本质之内容本有限,其发达安得而无限?凡事物有限者皆无常,亘永劫而不失其现实性者,惟无限之实体而已。然而人类之不免于灭亡,其一切价值,并不因之而消失。否则人类何为而勤动,何为而困苦,何为而竞争耶?将谓其为最后灭亡之种属乎?则又不合于事理。凡一种属,苟于其生活若本体,既无价值矣,则不能因其父子相传时代之关系而忽生价值。然则人类之价值,决不因其与最后种属之关系而生也明矣。科学、哲学、文学、美术之价值,由其影响于现在之人类而成立,其尚能及效果于未来耶?非吾人所敢预言。如烦琐哲学(Scholastische Philosophie)业已过去,业已无裨于吾人,然不能谓其无价值,以其于中世后半纪人类之生活,有至大之价值也。无论何等哲学,其价值均不能历劫而常存,文学、美术、政治、法律皆然,世间事物,孰非无常,然决不以是而失其价值。盖生活之全体若各部,固各有其鹄者也。且夫世人之以其生活及生活之内容设想为灭亡者,非所谓死,而在时间经过之每一瞬间,使凡事物过去者皆谓之灭亡,则吾人之生活,每一瞬间,常往而不止,即常灭而不存,又何待死。使过去者犹不灭亡,则人类之生活,常为现实者,常为有关系者,虽死亦不得而殄灭之矣。死者,不过生活连续之截止,而不能影响于过去之生活。使谓过去者必无价值,而现在者始为现实,吾人与夫吾人之生活,必在现在吾人之意识中者,始有现实之性质乎。然而现在者,一点耳,非有广狭也。吾人之生活,成立于包有过去及未来之时间之经历,而不能成立于现在之一点也。使以吾人过去之生活为与非现实同义,则是谓一切生活,无有含现实之性质者也,岂其然乎。

第五章　义务及良心

(一)义务感情之起原　上文所述,于吾人之意志,何自而满足,及意志之性质,以何为正鹄,已可明了。盖吾人既知意志之正鹄,在举一人若一种族之生活而保存之,发展之。吾人又分析善之原素,知人之行为及性质,有增益小己及他人安宁之倾向者,始谓之善。以是为准,而持以判断一切行为之价值,亦与意志之正鹄无悖焉。

虽然,犹若有与之矛盾者,盖吾人恒以不为其所欲为而为其所当为者为善。善者,尽其义务之行为也。而义务者,不必与自然意志之趋向相同,是谓义务与性癖之矛盾。人之循性癖而行也,未行之前,义务之感情常谏止之。苟不从其谏而决行,则既行以后,义务感情又从而责罚之。然则性癖之所视为善者,在义务感情则以为恶,吾人因以意志之反对性癖而现为义务感情者,谓之良心。

由此等现象观之,若大有可疑者。吾人所欲为之善,与吾人所当为之善,较然相反,将何以解释之乎?将吾人往昔之一切考察,皆有误乎?将道德界之所谓善,与吾人自然意志之所谓善,仅同其名而不同其实乎?

欲决此问题,不可不先研究义务感情之起原。

夫执意之实体,何以有当为之感情乎?义务之感情,与自然之性癖相矛盾者,果何自来乎?将别由超绝自然界而入于执意之实体之统系中乎?持宗教见解者,则曰:良心者,神之声也。

虽然,其意善矣,而无裨于说明。盖伦理学之不得以神为原因，犹物理学也。自然律及道德律之基本，诚在超绝界。而吾人欲为经验界事实之说明，则不得立基于超绝界，而仍当以经验界为范围，且余固已得之于经验界矣。

达尔文著《人种原始论》，不尝于其第四章言之乎，彼尝证明兽类感情之发展，与人相似，曰：有母犬卧抚其雏，见主人出猎，欲从之，既而恋其雏，不克从，及见主人猎而归，则帖尾乞怜，若甚愧者，盖悔其不忠于主人也。家畜亦有二种冲动：（一）本之自然者，（二）得之于训练及习惯者。不免日彷徨于两冲动之间，达尔文以为是义务感情之本式也。其发生之端，即由决意之本于教育若习惯者，与其自然冲动相冲突，于是时也，内界有一种感情，迫以弃自然冲动而从其本于教育习惯之意决，是即原始之义务感情也。吾人虽亦能反对其本于教育习惯之决意，然不免因妄徇自然冲动之故，而动其忧苦惭愧之情，是为良心不安之本式。良心之不安，亦得谓之由交际、若技术之本能，本永永运动，故对于目前至强之自然冲动之压制而反动也。此等感情之发展，在人类尤为强大。盖人类之记忆过去，较之兽类，益久而益确，则其本乎教育习惯以决定其意志，而与目前之自然冲动相反对者，其力自益强矣。

难者曰：如是，则于人类之义务，何以有特别之权威者，尚未之说明也。命以当为之权威，非由自然冲动之生活而发生，而良心之反动，与歉于自然冲动之感情，又不同原。然则所谓义务者，其对于自己意志之权威，又何能发生于自动冲动之统系中乎？

余以为此等事实，亦得以进化论之直觉说明之。盖义务之权威，生于意志及习惯，中言之，则生于人与全社会之关系也。

习惯者，在一种属中各分子意志动作之大同者也，其在禽兽，即生活之本能。凡禽兽之生活,隶于三种原理:曰冲动,曰本能,曰己之经验。属于冲动者,营养、呼吸、生殖,各机能之营为。属于本能者,营巢作窟,及迁移之随气候而逐水草者,是皆本于其先世生活之阅历,不学而能,是谓有机之智力。此等智力,或不本于其先世,而为其所新发明者,则己之经验也。

惟人亦然,而扩其本能之范围,则成为习惯。习惯之同于本能者,在于不知不识之中,以复杂之职分,适应其生活之正鹄,是谓种族之智力。而其与本能异者,虽不必意识其适应于正鹄,而常意识其存在及其责任。盖习惯之普通形式,常以当为云云或勿为云云命令人己者也。故吾人得谓习惯为有意识之本能。彼不若本能之得诸遗传,而得诸教育;不得于自然之决定,而得之于意识之动力也。更进而求之,则习惯者,为全社会意识之动力所维持,尤异于本能。彼禽兽之不徇其本能者,受自然界之果报。而人类之不徇习惯者,则受外界人人之反动,如非难、排斥之类是焉。

请举其例,高等动物,其生殖机能,类皆为特别发展之本能所左右。当孳尾之期,常一牡一牝,或一牡数牝,同栖而为家族之生活,以阻他牡之杂交焉。常于猴类见之(达尔文《人种原始论》第二十章)。盖其本能能左右其生殖机能,使勿罹杂交之害。此等秩序,确有保存生活之倾向者也。其在人类,亦有婚姻之习惯,或一夫一妻,或一夫多妻,其于将来之种族,则以教育养成其习惯,尤以女子教育为甚。贞操淑德,所以确保各人之习惯,有违之者,辄为社会所不齿。教育之效果,绵延于交际社会之中,违道德训诫者,固为人所斥责,而违习惯者,则反动尤烈。妇女不贞,则永为各家族所摈斥,而男子之娶之者,亦随之而为社会所轻蔑矣。

其他种种习惯，恐亦有基于本能，与此相类者。如杀伤掠夺，自昔著为厉禁，此等习惯，恐亦起原于兽畜合群之本能也。人类成立国家，由于权威与服从之关系，而亦于兽群中萌芽之矣。由是观之，义务者，不起于一人内界之意志，而实由外界以无上之权威胁成之，明矣。义务原始之内容，风俗也，习惯也。及人类益进化，而义务与风俗习惯之关系，以渐变更，而义务遂具人格之性质，然溯其原，则义务者，不过徇习惯而命令其生活，盖本乎父母师长祖先及国民之意志，而指示吾人，虽谓之以习惯之权威为服饰，可也。由人类最高之权威，而更发展之，是谓神之权威。神者，模型人类而为之，以国民之意志为其意志者。及宗教发展，而神遂为习惯及权利之保护者矣。父母之权威，国民之权威，神之权威，三者，由当为云云之感情意识之，是感情者，即所以裁制性癖，使服从于最高之意志者也。谓之最高意志者，以其非由外界胁迫而束缚之，乃发自内界无上之权威，使不问事势之如何，与胁迫束缚之有无，而必服从之焉。

（二）义务与性癖之关系　吾由是得返之于前之问题，而论合于义务之善，与合乎性癖而增人安宁幸福之善，其关系如何？

余本上文之结论而言之，则曰：以风俗习惯之概念为媒介，则可以调停于义务之善与性癖之善之间矣。盖人之有风俗习惯，犹禽兽之有本能，所以推行种种生活职分之行为，而使之合于正鹄者也。风俗习惯之力，有裨于社会之保存，与各人正当之发展，而义务之于人，则以其行为不与风俗习惯相悖为期，然则合于义务之行为，即所以增进各人及社会之安宁幸福，而吾人之意志，又安有不以人我之安宁幸福为鹄者？是故意志之正鹄，实与义务之命令一致。性癖与风俗习惯,一人之意志与社会之意志,其所以规定各人之行为者,大抵相合也。以前举之事例证之,风俗习惯,属于男女居室之关系者,无论一夫多妻,一夫一妻,要皆以确立家族生活之制,而使之得以持久。夫人之意志,亦孰不以持久其家族生活为鹄者。然则性癖与义务,殆无所谓扞格,其或有扞格者,偶然耳。且如杀伤掠夺,而自昔风俗习惯之所禁,岂非以其与各人之意志相反故耶？各人之意志,皆以种族安宁为鹄,则必愿其同族之人互相友助,互相亲睦。谚曰,人为社会之动物,以此也。其或相杀伤焉,相掠夺焉,则诚偶然之事耳。风俗习惯,以社会之保存及安宁为鹄,而社会之所由保存安宁者,在整齐其家族之秩序,维持其内部之平和。苟有不合此等风俗习惯之种族,则其与守此风俗习惯之种族相遇而争存,未有不为所屈服者。是故社会之安宁,包容各人之安宁,而各人之幸福,不能独立于社会幸福以外,则虽谓风俗习惯之所期,即在各人之安宁可也。而吾人无不自期其安宁者,则虽谓各人之所期,亦即风俗习惯之所期可也。人而欲达其所期乎？舍风俗习惯,无他道焉。自一方面观之,本风俗习惯以尽其生活之职分,与固有之正鹄最宜。由又一方面观之,苟违于风俗习惯,势必与全社会相冲突,而小己之安宁,无自而保存。然则风俗习惯与小己之意志,义务与性癖,夫岂非相合者其常,而相反者其变耶？

不观风俗习惯入人之意志至深耶。苟有一人焉,欲破坏风俗习惯,则人人出死力而保护之。是故风俗习惯之普及而无阻,为人人所同欲。偶有一二人与之相背而驰耳。苟非人人所愿其普及而无阻,则即不得以风俗习惯名之矣。是故道德律者,非特某事当为之空谈而已,乃正以表彰实事界普及之形式,谓之自然焉可也。

然各人意识中，义务与性癖，往往见为互相扞格者，何耶？曰，是亦有说以处之。盖各人所以有风格习惯之意识者，必在其性癖之鹄与风俗习惯背驰之时，苟性癖与风俗习惯相合，则良心无自而见其作用。良心之沉默，即其赞同性癖之时也。平时夫妇相爱，并不意识其为义务，一旦爱及他人，则意识夫妇之义务矣。婚姻者，意癖所赞成，故不意识其为义务。然时而人人以家族为累，避之若浼。如古代某某民族，濒于灭亡之时，则社会及各人，皆以婚姻为人之义务矣。生活之义务，人所不意识也，一旦有自戕其生活之性癖，则知自杀之不德，而意识生活之义务矣。饥食渴饮，人未有目为义务者，然生活既为义务，则饮食亦然，而人固未尝意识之者，以其与性癖无差池耳。若遇有禁其适当之饮食，或阻其大食暴饮者，将不期而有义务之意识矣。财产亦然，凡以财产之增殖及保存为义务者，皆在其殖产之冲动有所不足之时。以通例言之，凡财产义务之意识，皆在制限之条，如毋偷盗，毋诈欺，毋贪，毋吝，是也。言语之意识为义务也亦然，毋多言，毋躁，毋诈，是也。由是观之，义务者，冲动之制限也。有义务必先有冲动，无冲动则亦无所谓义务。溯义务之源，乃属于消极者，其曰毋如是云云，乃由冲动之轶出其畛域，而人始意识其有制限之义务也。其为积极之式，则不曰汝当云云，而当为吾欲云云，及其自然冲动之有所歉而义务生焉，乃易吾欲云云，而为汝当云云耳。

是故义务与性癖之冲突，变例耳。义务之命令，即道德律，所以为全社会实现之意志，表彰其性质及趣向也。道德律之有变例，犹生理学焉，其数皆甚少。道德律，本至复杂之现象而得其经验之规则者也。人固有聋聩喑哑者，不以是而破人能视听言语之规则。

人即有淫盗诈欺者,亦何足破夫妇有别、财产有制、言语有信之规则乎?

吾人苟即国民全体而考察之,则可以涣然而无疑。盖国民全体之性癖,恒与义务一致也。国民常欲代表道德律。道德律者,非由外铄我,而国民自己之意志之表彰耳。惟在各人,则偶有性癖义务冲突之时,或当为而不欲为,或不当为而欲为,于是意识之中,常觉道德律之自外来而制限其意志焉者。然以普通之意志推之,则终以赞成道德律之命令者为多,且见他人之违道德律者,恒以行为言语若思想抑止之,而无所踌躇也。

(三) **评康德之见解** 本康德之见解,则道德之基本,即在性癖与义务感情之冲突。彼以为人之行为能有道德之价值者,必其一循义务感情,而不假性癖之力,或且反对现在之性癖焉。因性癖而仁慈者,无所谓道德。华克菲尔(Wakefield,英国 York 州之市)有牧师焉,自谓一生惬心之事,在未尝以疾言遽色临人,其友人亦共言其如是。以康德之说评之,则此等品行,虽吻合于义务,而不必有道德之价值,与他种性癖无异,以其达于道德界循义务而非循性癖之定律也。康德之言曰:有人于此,无乐生之感情,虽有济困扶危之力,而恻隐之心则无之,然彼尚以扶济为义务而力行之,是为道德。人之于己也亦然,保其生命,增其幸福,循性癖而行之,无所谓道德也,及其不幸而坠至困大厄之中,以速死为幸,乃尚以义务之故,而勉保其生命,乃为真道德焉。盖康德之意,以为人类者,必于其意志中悉屏性癖冲动之属,而粹然余义务之感情,乃始可以评定其价值。然使人类仅以义务之故而行善,则枯寂无味,殆若傀儡。此其说之不衷于理,所不待言。而康德之说,要亦有可采者,盖义务与性癖之冲突，虽非通例，本义务以抑制感情，虽不必为道德价值之正则，然而道德之性格，要待义务与性癖冲突之时机，而始能表彰之。有一富人，拾十金于道，而返诸遗金者，吾人不能以是而遽定为正直之人，以区区十金，无加损于富人之财产也。使有贫者，道拾十金，虽以得之为利，而独以义务感情之故，卒返诸其主，则吾人得以是断其为正直，或且许之为善人矣。是故其人之性癖与义务不冲突，其意志无本义务而抑性癖以定行为之机会，则吾人无自而评定其人之品格。定品格之合于道德与否，必在义务与性癖冲突之时焉。

虽然，因是而谓从容中道之意志，逊于克私从理者之价值，则误矣。而康德力持其说，彼以为薄情之人，漠视他人之苦痛，而不以动其心者，较之富于同情之人，得天独厚，盖占有道德界最富之源泉者也。其行善也，无藉乎性癖，而悉循义务感情，是其于道德界为有至高无上之性格者矣。夫若人者，其贵于薄志弱行之徒，固已。康德盖循己之品格而论之，然吾人不能想象为最高尚最圆满之人格。何则？如所谓天使者，其意志浑然至善，不勉而中，以康德之说绳之，将不得为至高无上之品格，然吾人又孰敢谓天使之性格未高尚未圆满耶？

康德之视义务意识也过重，而其徒非希的（Fichte）尤甚。然吾人之行为，不必皆由于义务之意志，则确为事实，而亦不得谓之过失。至欲使决定意志之动机，一本于道德律，而因以制御一切自然之冲动，则非特吾人所不能，而亦可以不必也。自昔道德哲学者，恒欲以一切意志之动作，悉受指导于义务写象者，始为圆满。斯宾那莎谓贤者专以理性之命令决定其意志，而不使其冲动有几微影响于行为,即边沁及穆勒之所谓贤者,亦与之大同小异,盖皆以斯多噶派及伊壁鸠鲁派为模范者焉。自实际言之,则理性若义务之写象,不必若是其重要,盖理性若义务之写象,所以整理冲动,而不能代任其责。冲动之于生活,犹悬锤之于机械,决非理性所能代。何则?理性者,无运动力者也。

康德一生痛驳合理论,而尚不能全脱其直觉说之范围。及其殁后,学者始稍稍知贵自然。此时期之学说,所持以为根本之直觉者,谓最高最善之境,非能由理性而思议之,亦非能由一种有意识之规则而实行之,乃由无意识之中,转化而成立者也。此在美为最著,而善亦如之。善及善之圆满,不能由伦理学之规则而演出之、成立之,犹美之不能由理性演出之,而由美学之规则以成立之也。最纯粹之美术品,由天纵者以无意识之感觉构成之,而美学不与焉。最圆满之道德,亦由天纵者以其本能实现之,而伦理不与焉。美学也,伦理学也,皆无创造之力,其职分在防沮美及道德之溢出于畛域,故为限制者,而非发生者。美及道德之实现,初不待美学、伦理学规则之入其意识中,或为其注意之中心点。不宁惟是,人苟以美学、伦理学之规则,入其意识或为其注意之中心点,则往往转为实现其美与道德之障碍。人之作书,泥于字书之规则,则反易致误,此人之所稔知也。决正字学之疑问者,莫如执笔即书之为当;决道德界之疑问者,亦以节拟议而促实行为寡过焉。

平心论之,人类所以有道德之价值者,决不在深思义务,而意识其为行为之动机,盖勉强而行之,与安而行之者,固未可同年而语也。传康德者,其所述果确耶,否耶?康德之为人,果以义务为其行为之动机耶?非余所能知也。虽然,余敢自明,决不以此等叙事为可贵，盖义务感情，虽可为去恶之作用，而大人君子，决非能以义务感情实现之者，大抵由活泼之地感情之冲动而陶铸之焉。

（四）论先天直觉论道德哲学之谬误　又有先天直觉论之谬误二三事，不可不附论于此。盖此派道德哲学，以义务之命令，如数学之单元，仅以直觉认识之者也。例如正直为善，诈伪为恶，不必知其所以然，而自认为不易之真理。苟欲推究其原因，证明其理解，不特无所用之，而亦决不可能者也。

余以为以事实言之，道德律者，诚无论何人，可以不求其原因与理解，而直认之为真理。盖其内容，不外乎风俗习惯之由积极消极二形式表彰者。而风俗习惯，即存于全社会各人之意识中，人之所以知风俗习惯者，由其有种种特别判断，足以褒贬人我种种之行为者。每遇特别事故，直判断之而不疑，此由于练习者也。人之所以知道德界普通形式者亦然，自幼少之时，而已镌其印象。叔本华谓人常不忆其学而知之之真理，而误以为天赋。谅哉言也。且一切指示行为之言语，其意义中，率已含有道德界是非之判断，如诈伪贪鄙，已含有摈斥之意，公平节俭，已含有褒赏之意，是也。是以诈伪为恶之属，其分析判断之形式，确为构成于先天，而后由道德律意识为不易之大法，此无可疑者也。道德律不以各人若社会之利益为标准，而直发为不可思议之命令若条禁，此则直觉论之所表彰，确合于事实者矣。

然直觉论者，又由是而推演之，遂谓此等大法，初非以客观界事实为基础，而伦理学之职分，在即种种之命令若条禁，循其体系而排比之，综合之，藉以发见普通之定理，使得附属于自然律焉，则大谬矣。盖所谓不可思议之命令若条禁，见于各人之意识而为道德者,其所以存在,所以正当,皆于客观界有其基本,即其能维持各人及社会之安宁,是也。道德哲学之职分,在证明其基本,犹法律哲学之职分,在即法律之内容及形式,而证明其基本,所以为人人证明其交际界相当之职分,而发见其不得不然之性质也。各种科学,且未有仅以胪列事实为鹄者,况哲学乎。

直觉论伦理学,尚有其他之谬误,即谓良心者,无论何人,亦无论其际会何事,皆能于其主观客观两界,确示以义务之命令,是也。康德曰:道德律命人以当为之事,无论何人,皆易知之。又曰:"义务之为物,尽人知之。若欲究何者为正当而悠久之利益,则必统宇宙全体而衡量之,决非吾人所能知也。"

余以为正当而悠久之利益,诚所难知,然谓义务之命令,尽人易知,则不合于事实。行为之中,固有人人知其义务者,然不得谓凡事皆然。凡事理稍稍复杂者,其义务所在,往往不易知之。今有保险公司之职员,违公司之规律,而贻利益于逾期纳金之被保者,自其良心言之,与偷盗等也。然其为之也,非以图小己之私利,而以助其友,则自其良心言之,是亦与义务冲突,仍不可不求公司之利益,而避其损害也。然使吾人又进而变其事状,使被保者对于公司,一切如约,惟于形式之措置,小有不合,而公司亦得借以为不给保险金之口实,乃于公司付金之期,而职员偶见有被保者不合形式之措置,足以使公司不必给金者。彼又稔知被保人或其遗族,不得此金,则困厄将不可状,然则何以处之,将隐匿其事以救被保者及其遗族耶?抑暴露之以利公司耶?当此之时,其良心所指示者,以何者为义务耶?即康德派学者,尚能准循理而行之格言明晰而断之耶?

以盗窃之术取人财产，其为背于义务，固矣。其或乘人之急，而贷之以金，征取重息，又能以巧术遁于法网之外，而因以吸尽其财产，是亦宜良心之所斥也。然吾恐人之良心，或亦有许之而不禁之者，彼将曰：虽征取重利，而要不失为一职业，人人急于自计，又何暇为他人计耶？吾试更进而变其事状，谓贷金于人者，其取息也，不可利己而损人，必其人我两利者。然则贸易之事将如何，有一银行于此，独得西班牙革命军不日起事之报告，而知其为他银行所未注意者，乃悉举其所有西班牙各业之股票而售之，以嫁其至巨之损耗于买者，其行为正乎、否乎？在初入市场，未谙商情者，其良心必深以其事为不安，以其违己所不欲勿施于人之义也。翌日而见买者，必不能无惭色。虽然，吾人之营贸易，必先问其有害于人否耶，此不可能之事也。凡贸易，非卖者买者各持利己主义而不顾他人之利害，则不行。人孰不欲购廉价之物，于卖者之损耗与否，殆不暇顾；卖者亦孰不以其货物之得售为幸，其价值之果否相当，而果否有损于买者，亦恒有所不顾，正耶、不正耶，其界限又何在耶？

此等事状，犹其简单者也。使更以复杂者考察之，则其理更易明。有一少年，既与一女子订婚约，可不践其约乎？夫约之不可不践，不待言也。然使其订约之始，未及审慎，而仅为一时感情之所驱，既订以后，乃始得其情实，而知一践此约，则其身将沦于非常困厄之境，将不经彼女之承诺而废其约乎？则其约固神圣不可侵也，将忍而践其约乎？则既已知订约之误，而知践约以后，彼此皆将牺牲其终身之幸福。然则将何以处之？彼女既不我绝，我遂与之婚耶？将迁延之耶？将遂因而自尽耶？抑以我之不能践而不欲践为权利为义务耶?

有一政治家,偶于其所属政党之一意见不能赞成,而其党方草一宣言书,以彰其党之伟绩,使彼签名,彼从而签之耶?是自欺也。拒之而不签耶?将失其在政界之动力,而大为前途之障碍,彼将何以处之?是亦非康德之定律所能断者也。以吾意言之,则彼先当自问此事之关系果何如耶,如无重大之关系,则屈意而殉党议,未为不可,否则将不能共事也。苟其事而关系重大,则与其瞻徇党见,毋宁离党而自申其见之为正焉。

难者曰:如是,则将使道德为之无定,而疑义百出,莫可究诘矣。曰:道德者,非吾人能使之无定,而彼本无定,且亦无时而定者也。道德者,非可恃简单之机械作用,本于先天能力,如所谓实践之理性及所谓良心者一瞬而得之,又非举种种特别之机会,而得以普通之规则包摄之者也。

谓无论何等事实,其合于义务与否,不难一瞬而知之,此为直觉派道德哲学根本之谬误,而又与他之谬误相随者也。彼谓道德之命令,为一定之规则,不容有一变例,凡不合于道德律之行为,皆为悖于义务,皆为不道德,吾既已辨之矣。请又述吾之伦理学说与直觉论最明晰之异点如下:

康德全部学说之中枢,即在以道德律为至普通至正当之性,其性为绝对者,为合于论理者,而所谓合法性及道德性,则亦与之一致。正鹄论之道德哲学,则反是。其所谓道德律,乃与卫生术之本生理学以为法则者相类,盖皆取经验之规则者也。然则道德律之不能无变例,与一切经验规则何异。凡一种行为,其于为之者及受之者之生活,或益或损,诚常有其惯例,然人事至为复杂,同此行为，而忽生反对惯例之效果者，时亦不免。于是虽破道德律之形式，而未为不道德，且或必如是而始为真道德也。求之实际之行为，实际之判断，吾人盖时见之，而直觉论伦理学，不能有以解说之，此亦其学说未纯之一证也。

请举其例，军人之第一义务，曰服从。谓于其职务为绝对之服从者，是也。军人以服从为义务，即近世国家所赖以存立者。其义务之重如此，故稍违之，则置重典焉。然间亦有破此义务而良心不之咎清议不之责者，如约克（York）将军于韬落铿（Tauroggen）宫之会议（事在千八百十二年十二月三十日普将军 York 及俄将军 Diebitsch 会议于俄之 Tauroggen 宫而结中立条约，时拿破仑一世方被窘于俄而归），本一己观察政界形势之见解，公然背国王之命，破军人服从之义，而与敌国结平和之约。此其行为，尚合于义务而为道德律所许可耶？以康德之律绳之，必不然。在将军亦固知背王命而行，于国为不祥，且一启其端，他日即欲以普通之律绳检普国之军人，而或且无效焉。

将军再四踌躇，而后决然行之。盖将军之所踌躇者，曰：吾背命而弃服从之义务，极其流弊，可以亡吾国也。而其后乃决然行之者，则曰：吾不违王命而行之，则吾国且速亡也。卒之将军所为，乃为舆论所认可。普王盖尝欲责之矣，而旋以为是。以及今日，历史家无不以兹事为有功于国者，且其事甚不利于法人，而法之历史家，亦无以难之。是则官吏反道德之成例，违国家之命令，专断政策以救国家之危急，而为舆论所公认者也。凡事状类此者，皆不能以普通之规则决定之，使仅仅持普通规则而已。则军人者，不可不服从，虽值何等事势，决不能违其服从之义务，而专断政策者也。

然而国家当存亡危急之际，非反经行权，不足以救亡而图存，则不能不破普通之规则而行之。夫所谓普通之幸福为最高之规则云者，固一切规则中神圣不可侵犯之条件也。军人苟有误犯此条件者，则政府虽以死罪蔽之亦宜。

道德律亦循此条件而规定者，故亦不能无变例，盖道德律为人类而存，非人类为道德律而存也。法家之古谚曰：世界可灭，而正义不可不存。康德派之道德哲学亦曰：生命可坏，而规则不可不存，此其义，谓规则之重要，超于各种特别之正鹄也。然法律实为国民而存，且欲借以保存之，而非以破坏之，道德律之于人生也亦然，亦所以保存其生活，而非以破坏之也。故使从道德律而反有破坏生活之效果，则吾人宁弃形式而取内容，舍作用而趋正鹄矣。

（五）良心　吾前者论良心之起原为风俗习惯之意识，盖即风俗习惯之存于各人意识中者也。而所谓良心之权威，则在监临人类全体，抑制其反对道德法律之意志，而因以为道德法律之保障。其于人也，始则为父母师保之权威，以风俗习惯中种种客观界之道德输之儿童者也；进而为社会之权威，其范围较大，以名誉诽议，表彰各人行为之判断者也；进而为法吏之权威，以刑罚禁止罪戾者也；又进而为神之权威，则举道德法律而托于宗教之徽帜者也。人之行动，苟与有此等制裁此等保护之道德标准不相容，则其执意，必为其根本之意志所抑止，于是乎各种行为，皆有感情以干涉之。未行以前，或鼓舞焉，或谏止焉；既行以后，或惬心焉，或悔恨焉，是为良心之作用。良心之内容，随民族而异，种种民族，有种种本质状态，有种种生活条件，因而酿成种种风俗习惯、良心内容之不同视之，惟其形式则一致，不外乎以高等意志之意识，自各人内界，抑止其不合道德之意志，且恒以此高等意志为超绝人间而本于神之势力焉。

主良心原于神意之说者，不惟以历史学、心理学之解说为不完全，而且更以为危险，谓是直侵犯良心之神圣而杀其效力焉。即以历史学、心理学说明良心之学者，亦往往信以为然，来氏（P. Rée，所著《良心之起原》，于一八八五年出板）研究良心之起原，而论以历史学、心理学研究之效果，曰：由是良心之命令，失坠其神圣。凡知良心起于人为之说者，皆将违其命令而觍然无愧焉。

虽然，余以为不然。良心命令之责任，固非恃人类学学说中论理学之结论、若心理学之定义，所能使之破坏者也。吾人即确信论理学之结论，谓良心者所以表彰国民渐得之经验，即道德足以维持人生，而不道德则足以破坏之。而良心之正当性质，并不因是而消失。然则吾人以国民之遗传知识为强证，而谓良心即道德之自然秩序，由客观而反省，岂遂以此解说，而破坏道德秩序之正当性质乎？且至于心理学说，无论其对于风俗习惯者如何，而亦不必有何等阻力。凡人精神之作用，受之于遗传若教育者，虽一旦证知其为误谬，为无理，而其势力并不即为之消灭。邃于科学者，或不能脱迷信之习，持无鬼论者，或冥行而恐怖如常人，然则此等固非写象及感情中谬误无理之原质，而实为其重要之原质矣。使人人无所谓道德及良心，而一切云为，皆决之于计较及顾虑，则国民殆不可以一日存，此尽人所知也。虽大哲学家，未尝以道德哲学指导其日用行常，而为之指导者，冲动也，感情也，道德也，良心也，好善恶恶之情也。化学至进步矣，而人之味官嗅官，不因之而为具物，日常饮食，所以别甘苦芳臭者，仍恃味官嗅官之作用，且其精审，亦有为化学试验所不能及者。调和饮食,人皆承数十百年遗传之知识,而不必专依化学。化学之职分,在解说而不在发明,用以为改良饮食之指南,诚非无补,然欲废普通之嗜欲,遗传之知识,而一切本化学之理,以律饮食,则失之愚矣。世有欲屏除良心若风俗习惯之力,而专以道德哲学律行为者,何以异是。

论者难曰:子言诚善,其如失不可思议之制裁何?余曰:不然。以余观之,人类殆必无以道德及神圣之感觉为不出神意之一日。此等感觉,苟非有至深至久之基本,在宇宙性质中者,岂能无端而发现于人类之意识中耶?且人类之于世界,岂真若骈枝然,徒于其表面有偶然之关系,而与神之本质固无与耶?善夫施泰因泰尔引希波革拉第(Hippokrates 西历纪元前四六〇年生)之言以叙其言语学起原也,曰:一切事物,皆属于神也,即皆属于人类也。是诚能以历史心理学发人类万事之秘缄者矣。

论者又难曰:良心之起原,既如经验论之说,终不免使人类有法律以外何所不为之思想,盖其初固以道德律而出于神之命令也,今若以神之有无为可疑,又或决神之为乌有,则举其所谓命令而唾弃之,非自然之势乎?余答曰:然,是诚自然之势,而决非真理也。道德律即如经验论之说,决非偶然断定之制度,而实以宇宙之性质及人类之性质为其根本也。其所谓良心,即道德生涯在客观界适令自然之性,而反射于各人之意识中者。其于保存生活既有最大之价值,岂以研究其起原之故,而顿失其价值。譬如古人,以人之言语为本之神授,今已知其说之无据,而言语之价值,曷尝为之消失耶?

文典之规则,人既确知为人类所发明,而其可凭借之性不失,则道德律之起原，虽为吾人所确知，而必不失其可凭借之性可决也。国民之于知识界，无论何人，无不循其国语而承认其规则。国民之于道德界，亦孰不徇其风俗习惯而承认其良心之命令者。人固知国民之言语，即己之言语，国民之良心，即己之良心，而小己之执意及感情，固无不自国民演出者也。福禄特尔(Voltaire)学派，以辟除迷信为科学第一之职分者也。彼痛斥神学家良心说之妄诞，意气发扬，大声而疾呼之曰：良心者，无价值者也；良心者，狡猾之僧徒，欲陷人类之精神于奴隶界，而假造之者也。此等大言，使十九世纪进化论之人类学者，大为之诧异，盖进化论者，以一切人事，尽循自然之势而发展之，假定为其研究历史之起点也。彼福禄特尔之流，辟除谬误之学说，而并其所说明之本题，亦斥为妄诞而无价值，则其说之不能成立，乃与神学家同。进化论者，确信普通存在之机关，必本于先天，而为关系于保存生活必不可无之机能，故以说明此等机能与人生之发展，有何等意识，为科学之职分也。

且科学于此等地位，尚不可不有实践之职分，即不破坏其机关，而务有以保存之完成之是也。破坏良心，且仅仅因良心之释义有本于妄诞之教育若妄诞之学说(神学)者，而遂并良心而破坏之，其于各人及国民之生活，不得不为大耻也。旧学说所举之良心，虽多缺点，且或有谬误之点，然尚胜于无之。善夫希的微克(Sidgwick)之言也(见所著《伦理学之方法》四七〇页)，曰：吾人于一切行事，如行世之道德者，苟发见其有缺陷之点，吾人改良之之责任，尚不如保守之之责任为重要也。功利论者，于行世之道德，虽知其不出于理性，而本于人为，然决不可以是而生厌薄道德之心。至于直觉论者之迷信，竟以道德为不可思议，为神之规则书，则所当排斥，不待言也。盖功利论者之于道德,固以尊敬惊叹之情考察之,见其组织之分子,经数十百年之久而成集者,乃如自然生物,能以其合于物理之有机体,挟其后天之构造,以适合于非常复杂之鹄的,其间固有不可不慎择之者,而要之亦有影响于人类之幸福。故人类而无道德,则如有一至重至大之机械,关乎积极之规则者,猝失其所以运动之道。此虽有政治家、哲学家,将亦无可如何,而人类之生涯,洵将如霍布斯所谓日趋于寂寥、贫困、陋劣,且日近于禽兽,而亦无以久存矣。

(六)**良心之分化** 良心者,表彰客观界之道德性于各人意识中,即以风俗习惯为基本,故其普通之作用,固在防遏各人意志冲动之不合于规则者,然非其至高无上之状态也。良心者,由其能为圆满生活之代表,而更有积极之效果,盖有所谓理想者,先自国民之客观界道德性,得其性质,而各国民则发挥其圆满之写象于宗教及诗歌等。盖此等写象,既充实于若人之意识中,则即由若人之著作而发现焉。

自精神界历史界之生活,益益发展,而此等理想,遂益益现为特性者,为各体者,一切历史之发展,皆分化之作用也。学者之所假定,人类由原人分化,而为种种之人种及民族,遂各有其种种之风俗习惯,以示其精神之特性。及其进化益深,则各人之精神,亦由国民精神之本质而分化矣。民族之文化较低者,一族之民,种类大同,各人之写象、思想、判断、习惯、行为,凡精神生活之内容,殆无不同者。及其更进化,而生活内容,益丰饶而驳杂,各人构造之差别益大。人之有各自研究事物之思想者,以其不慊于国民之宗教神话中所谓普通生活之思想也,而哲学即由是起。一切哲学之原始，皆由各人之思想，与国民普通之思想相睽，而各人之判断，与风俗习惯之关系不固，则各人趋特别之方面，而形成为特别之生涯。自由之生涯日扩其范围，则羁束之生涯日缩其区域，各人之生活与他人之生活，益为不失其特别人格之关系，如亲子夫妇然，而与图式之法则，益多龃龉，于是特别之规则益发达焉。

由是所谓良心者，遂一变其意义。向也范于风俗习惯，而各人自失其生涯之价值，今也屈于特别之理想，而社会乃失其现实之生涯。此等特别之理想，萌芽于国民定居之地域，与其风俗习惯，固不能全无关系，然以其与普通生活之内容及见解相睽，而抱此理想之人，遂与风俗习惯相冲突，其冲突也，不惟不为良心之所咎，而反为道德界必须之意识。于是乎主观之道德性，对于客观之道德性，而转占高等之位置矣。

由精神意志中超人之力，形成其吻合人格之生活理想，而务实现之，至不惮与当时之客观界道德冲突，而感化及于百世者，此历史中最大之战争也。人类之英雄，即此战争之主人也。彼常反对人爵，反对无益及不纯之理想，反对虚饰，以说明新真理，而显示新准的、新理想，务使人类之生活，得新势力，而益遂其高等之进化，基督则其人也。基督之宗教道德，较之当时国民之宗教道德，至为高尚，其神之观念，较之当时国民之神之观念，至为高尚，见夫国民之所谓正直，乃皆可鄙可悲，而不足行之以自餍，遂与其徒，轶出国民规行之外，破安息日之禁，废断食之制，而易之以互相亲爱之新命令。守旧者大惧，务保守其畴昔之规则，则遂于基督鏖战而杀之。然基督虽备尝艰苦，以身为牺，而其道卒占胜算，由其笃信建立慈爱新国为天命之说也。彼盖对于后世之渴望神国真理正直而欲得之者,感精神气魄亲爱自由之不足者,热心绍述其事业被磔被焚而不悔者,各示以至高之模范焉。

与此等圣贤反对者,有若柏拉图之《共和国》中所述之暴君,有若布里哈脱(Burkhardt)之意大利文学后古时期文明史中所述不畏神人大恣情欲之斯否察(Sforza)、波里加(Borgia),皆其人也。

凡有强大之天才者,可以为暴君,即可以为圣贤。格代所著之《否斯脱》(Faust)小说,形容精神界由极恶而至极善之变化者也。其于第一篇,言否斯脱之为人,蔑视国民之信仰风俗,而惟以纵肆其大欲为的,彼欲悉全人类所应得之福利而独擅之。彼不惜牺牲无辜少女使破其家族之幸福与其精神界之平和,以供彼之情欲,卒使少女格利町(Gretchen)者,因彼而陷于杀母杀兄之罪。然彼一无所芥蒂,而投身于钵罗克卑格(Blocksberg)之军中。此殆为格代自写其感情之强烈者。其第二篇,叙此穷凶极恶之人,转而为克己慕义之事,而其所以实现此观念者,尚若有所未副。盖以第一篇之否斯脱,而奋自救拔,则惟有趋至高尚之鹄的,而为大悒郁、大竞争而已,以暮年至巨之防水工程当之,尚为不类。以格代之天才,而所叙乃止于此,则以大悒郁、大竞争者,为格代生平之所未经验,故以其远轶于主观范围之故,而不敢纵写之也。

大恶与大善之两模范,其外界之舍风俗习惯而不顾,虽若相同,而其内界之关系于风俗习惯若国民者,乃大异。暴君之所以为暴君,蔑视风俗习惯而破坏之,徒以自肆其情欲,将以专有乐利而擅握政权也。基督之所以为基督,非必欲破坏风俗习惯,而在欲实现其高尚之理想,彼固自知其将不得名誉权威,而且受屈辱轹磔也。彼盖谓吾受天命而来,固在普救众生而非若常人之仅求荣誉而已也。

（七）**道德界之虚无论**　道德界虚无论，所举人格之特质，在无所谓义务意识，无所谓生活理想，亦无所谓良心。彼本其学理，而屏斥义务命令若道德律之不可据。曰：义务者，空名耳，生活者，在争自存。利于争存之作用，皆谓之正。杀人也，诈欺也，暴行也，苟其有效皆善也。以此为恶者，无争存之能力而劣败者耳。所谓法律规则宗教云云者，皆若主所发明以奴隶臣民之精神，贤者固知其无服从之义务也。人无所谓对待他人之义务，亦无所谓对待自己生活之义务。所谓理想者，如碱水之泡，徒足以玩儿童欺愚夫者耳。何谓善？曰，实行其所欲而无所忌惮之为善。俄国一贵人尝言曰：余无所信，无所畏，无所爱，道德义务何物耶？恐怖希望何物耶？亲爱理想何物耶？自由自主之人，以现在为正鹄，至于未来及过去，何足道哉！

虚无论之说如此，吾人可以驳诘之乎？吾人可以使彼自承其误乎？曰：不能。使吾人告以彼之感觉，胡异于人？则彼将曰：余之感觉，诚异于诸君。诸君虽见有所谓义务感情若理想，而余则无所见。且余亦欲见之也。使吾人欲揭其短，谓徒顾目前之快乐者，可鄙也。彼将曰：不然，余以为无实行所欲之勇，徇空想而自谢目前之快乐者，乃诚卑劣耳。此等强词，于论理界殆无可攻击。故吾人不能使彼自承其谬。欲使彼自承其谬，必彼我之间，于生活价值，有感觉相同之点，无之，则一切辨论，皆无益也。不惟无益，且使彼坚信其说。雅里士多德勒尝曰：吾人于各问题，各学说，不必评议也，惟见其有矛盾之点，可令自承其谬者，则攻击之，否则徒辩而已，余所不取也。足以箴今日学者好辩之风矣。

虚无论之说，不能以伦理驳诘之，然果可以实行之乎？抑人类中果有专顾目前情欲之人乎?恐虚无论者之作此空想,乃彼误解自己,并误解其意志。彼之所说,乃非其所欲,彼于直情径行以外,常有自保其生之欲望,彼于观念界亦有自保之冲动,彼亦不能自脱于其所斥为虚饰虚伪者。彼自以其感觉毫不受影响于世界之风俗习惯,若义务感情,而实不然。彼时而有良心发见之时,在彼亦当自惊。吾人虽不能以言论之力,使彼有义务感情之觉悟,然而彼固于不知不识之间,自有之矣。

吾人不能闭彼虚无论者之口,使自承其误,犹之不认有日者,吾人势亦不能以论理觉悟之。然而日之光明,尽人皆见也。虚无论亦然,病热者恒见幻象,吾人不能使彼自知为幻;病狂者恒有错乱之观念,吾人亦不能使彼自知为错乱,以其病热病狂故也。为人类学人种学者,见彼奉虚无论为人生圭臬者,固已得其真相,曰:彼乃欠一人类应具之机关。而欠此机关之人,其沉沦堕落,大率如是。良心者,诚人类最重要之机关哉。且更进而研究之,则此等畸废之精神,恒与畸废之冲动相因而生,如沉湎酒色之癖,每与感情及意志之错乱相随,或且为其原因,是也。此等精神畸废,类皆抱厌世之想,或不免于自杀。其有不本于先天而仅为知力错乱之结果者,或不至若是其甚焉。

(八)义务语意之范围 关于义务观念者,尚有一二疑问,如有功之行为何谓耶?人类得为义务以上之事耶?义务所许可之行为何谓耶?义务所不命令亦不禁止之行为,将无所谓善,亦无所谓恶耶?人果有对于己之义务耶?凡此等疑问,关于事实者少,而关于词义者多,区别其词义之广狭,而昭然若发蒙矣。

义务观念,以最狭之义言之,则吾人对于他人主张之权利,而定其当为及不为，如偿债，践约，及勿偷盗，勿诈伪，是也。至其济人之急，成人之美，则在义务以上。以其出于自由之意志，初非如前者之有所谓责任也。以此义言之，则无所谓对于自己之义务矣。

以义务之广义言之，则凡与风俗习惯及道德律一致之生活及行为，皆谓之义务。如有人揖我而问途，而吾不之告，是即违义务者，盖义务观念中，固有亲爱同胞之命令也。若乃履危蹈险，舍身以拯人，则在义务以上，为之则为有功，不为之亦无损于义务，盖圣贤豪杰之所为也。以此广义言之，吾人得有对于自己之义务，发达自己之能力，是也。人若以疏忽之故而弱其身体，又或以懈怠放荡之故而伤其精神之能力，是亦违义务者。然义务之责人，乃有一程度，所行者在此程度以上，即为有功，于是义务许可行为之概念，亦可定。虽有当务之职分，与尽其职分之能力，而偷安而不之为，非义务所禁也。又如人虽别有当购之物品，而以佚乐之故，耗其金钱，此亦非义务所禁也。要之在寻常德行之范围中，小有出入，固为义务所许容焉。

以最广之义言之，则行为之被许容者，与有功者，皆无自而区别。如基督教徒之责其子弟曰：汝当完全其道德，如在天之父然，彼等决不能轶此要求以上，是以神之前无所谓功绩，履行一切命令者，亦曰余尽义务而已。而人类终不能抵清静无垢之域，虽在圣人，亦且曰，余不过无功之仆隶焉。

第六章　利己主义及利他主义

（一）利己主义与利他主义非截然相冲突者　所谓利己者，

行为之动机,系于己之利害者也;所谓利他者,行为之动机,系于他人之利害者也。大抵道德论者,多以此二种动机为凿枘不相容,故以为种种行为,非出于利己心者,必系于利他,而非出于利他心者,必属于利己,因是而演为二种相反之道德原理焉。利他主义之原理曰:行为之有道德价值者,在其动机之纯然利他者也;利己主义之原理曰:以一己之安宁为种种行为之鹄的,不但不当禁止,而实为道德界不可不然之事。

始用利他之义之名者为孔德(Comte),其意即如此。其主张至高之利他主义者为叔本华。叔本华之言曰,凡行为必有动机。动机者,非利即害。利害者,非关于己,即关于他人。凡动机关于他人之利害者,其行为始有道德之价值,故道德价值者,生于利人悦人之行为,否则其动机在一己之利害,则全为利己之行为,而无道德之价值。至于害人以利己者,则谓之恶而已矣(见叔本华所著《道德原理》十六页)。

与叔本华派之至高利他主义相对者,为至高之利己主义。至高之利己主义,常因反动而偶现,如尼采晚年之见解,盖近之,此即叔本华利他主义之反动也。且叔本华所抱之感情,本有倾于利己主义之趋势。彼尝轻蔑平人而崇拜天才,谓人类所以有价值者,在少数之天才,而世人皆其作用也,势必因而有至高之贵族性利己道德,如尼采所唱者矣。然而又有平民性之利己道德,则如霍布斯及斯宾那莎二氏之说盖近之,其言曰:人各图自存而已,是自然之秩序,而亦道德之秩序也。人各以其正当之幸福为鹄的,是即正当之行为,而道德之要求,亦尽于此矣。人各自得其幸福,即所以助他人之安宁,盖人人正当之利害,固彼此相合,而殊途同归者也。

至高之利己主义,其于论理界尚无所谓矛盾,且人人纯持利己主义而行之社会,尚为吾辈所能想象,人人纯持利他主义而行之社会,则直非吾辈所能想象矣。且如经济社会,以契约若买卖为基本。利己主义之原理,间有因之而实现者。盖经济社会中人,各以己之利害为鹄的,集同此鹄的之人,而后乃有此社会也。若粹然之利他主义实行,则人人各注意于他人之利害,而于己无与,社会将有土崩瓦解之势,其为不可行也至明。而粹然之利己主义,其不可行也亦然,盖基本于利己主义之社会,虽若可以想象之,而非人之心理所能实现也。即如经济社会,虽注意于自己之利害,然而感情之影响,礼仪之离合,他人位置之关系,一己良心之劝阻,种种动机,尝迭出而障碍之,人类果能仅有一利己之动机,而悉去其他之动机乎?果能舍皮相之利益,而择取正当之利益乎?眩于目前之利益,而失正当之利益,果吾人所能免乎?以争自利为帜,吾恐社会之无自而维持也,况休戚相通,若父子夫妇之关系者,非以利他感情而基本,乌乎能哉?母以利己之故而育子,若亦非必不可有之事,而实际乃不可得,所谓母子利福无不一致者,亦不过词义范围之关系而已。凡吾人以关于他人利害之感情为利他感情,所以别之于利己之感情也。而论者或曰:利他之感情,亦我之感情也,故亦得属之于利己之动机,而一切动机,皆为利己者。盖吾人之行为,皆由我之意志及感情之发动而决定,初未有以他人之意志及感情决定之者也。虽然,是说也,仍不足以调和利己、利他之两种感情也。盖如彼之说,则所谓利己之意志发动,乃遂不能无直接利己与间接利己之区别,而间接利己者,犹是利他之意志发动也。是故吾人得决言之曰:无利他之意志冲动,则人生亦无自而成立,犹之无利己之意志冲动也。小而一人,大而社会,非兼此二者,殆不足以遂其生活焉。粹然之利他主义,与粹然之利己主义,皆谬误之道德原理也。悉本于谬误之人类学,彼等皆以古昔理论之各人主义为前提,以为人者,各以绝对之独立而生存,其与他人交际者,偶然耳。而人与人之交际,非利己则利他。持利他论者曰:利他之行为,道德也,其他或无善无恶,或为恶。利己者反之,曰:凡一人与他人之关系,皆求遂其己之利益而已。边心于所著《立法原理》之卷端,记一种直觉,即此二主义之基本也。其言曰:社会者,由各人集合而成之想象团体,各人者,其会员也。此等直觉,自十八世纪之季,德人已皆唾弃之。盖国民非想象之团体,而各人亦非想象之会员。国民者,实际连合而生存,其与各人之关系,犹躯干之于四肢,四肢由躯干发生,其有生命也,由于躯体之有生命也。各人曰国民而发生,其有生命、有动作也,亦由于国民之有生命也。各人为国民之一员而动作,其所言,则国语也;其所抱,则国民之思想也;其所感所欲,则国民之感情及欲望也。而国民之所以存立,则亦由各人生殖及教育之作用,此各人与社会之关系之在于客观界者也。及其现于各人之主观界,若意志,若感情,则遂不复有自他之区别,此吾人所亲历也。惟道德哲学者不承认之,而乃有粹然之利己主义与粹然之利他主义,各不相容,要亦违于事实之谬见而已。征之实际,凡人皆未有单纯主义之行为,而其行为之动机及效果,常徘徊于利己、利他二者之间,而其畛域亦稍稍泯灭矣。

(二)以行为之效果核之　人之行为,能无影响于一己及他人之生活者,未之有也。故吾人考察一切之行为而判断之,势不能不于人我之幸福,皆有所注意。知昔人所谓对己义务、对人义务之区别，决非正当之部类也。背于对人之义务者，决不足以为对己之义务，背于对己之义务者，亦决不足以为对人之义务。

自卫其生，若粹然利己者，然稍稍考察之，则知一身之健康，不徒一己之关系而已。一切障碍，恒由其发生之所，而播影响于四方。凡不慎于卫生而致疾者，一家恒受其影响，至其身罹重疾，则不但家族悉为之戚戚，而生财必损，靡费必增，人人悉被其累，而其人本有职业，则必以疾病之故，使其同僚于自尽其职以外，又为之分任其劳。然则人之康强无疾，而足以任职者，其利益于人，不已多乎？是故余甚赞成斯宾那莎之说，谓自保其身，即人生第一之基本义务也。苟人人本于理性之自爱心，较今为深，则人生之苦痛，将去其强半。人人无沉湎酒色之失，则人生之不幸，殆十失其九矣。其于生计界也亦然，经商殖货，似以利己，然而职务之勤勉，家政之整理，皆由是而生，是亦对于他人之义务也。其直接之效果，在家业之昌荣，子女教育之良善，而乡党国家，咸享其利益。国民之繁盛，必以各家族之繁盛为基也。否则放荡无艺，奢侈无度，不特害于尔身，而且凶于尔家，其陋劣之习惯，孱弱之体质，数代遗传，不复可改，驯致败坏风俗，流毒全国，其影响顾不大与？

于是吾人得断言之曰：人之品性行为，有裨于一己之康健者，即有裨于社会之进步，有碍于一己之康健者，即亦有关于社会之退化，即斯宾那莎所谓吾人当以利己者利人是也。而转而求之，则凡裨益社会之公德，实行之者必足以增一己之安宁，而违背之者亦适足为一己之障碍，盖无疑矣。

发展社会公德之区域，以家庭生活为最重要。人类之中，以家族生活，包容其对人之义务者，殆占多数。人之行为品性，凡能增家族之幸福者,皆于一己有至良之效果,固不待言。而善教子女,尤两亲最大幸福之源泉。不善教育者之恶果,亦视不尽他种义务者为尤烈焉。吾人通例,以生计界之公正为对于他人之义务,而实亦对己之义务。有多数俚谚足以证之。社会中亦常于不知不觉间,作如是观矣。此等观察之合于真理,虽不能以统计学证明之,而得以心理学证明之也。觊不义之财者,常足杀其正直营业之性质,然恃诈伪以自存,则无论何时,皆濒危险也。由正当之职业而获利,足以自增幸福,若由偷盗而得之,则不足重。如曰不然,则虽仅仅为一次之偷盗,又能不浪费而保存之者,何以人人仍目为不义之财耶?全社会之是非褒贬,恒关系于各人一切之行为,人即一时幸遁之,而积久则终有受其裁判之一日。古今以秘密之行为而得幸福之效果者,未之有也。人皆知谨慎公正温良为对人之义务,然此即自求多福之道。人尝能推己及人,使亲戚朋友,皆得平和福祉,则其平和福祉之先,必反射于己;而以傲慢猜忌狡狯狞恶之行为,贻苦痛于人者,其苦痛之反射也亦然。由是观之,对人之义务与对己之义务,决非截然分立者。一身之安宁,与家族社会国家,互相错综,能自尽其义务者,即以增社会之安宁;而为社会尽义务者,亦即以增自己之安宁焉。

(三)以行为之动机核之　吾既即行为之效果,求其利己利他之区别而不可得矣,吾再以行为之动机求之,而其不可得也如故。盖一行为,非起于一动机。物理界之运动,常有多许之因缘,意志之决定,亦有多许之动机也。一行为之起也,其所以结合而为之原因者,有本于固有之意向者焉,有本于临时之事状者焉,人之意向,或关于性质,或关于生活,其因已多,而临时事状,又包有直接间接之请求、怂恿、谏止、赏誉、诽讥之属，则尤复杂矣。为农夫者，耕耘获积，穷年而不倦，由于利己之动机耶？抑由于利他之动机耶？此无谓之问也。使吾辈问农夫曰：汝之勤于田园也，为己乎？为人乎？彼将以问者为妄诞，否则将答曰：不如是，则田园将芜也。曰：田园何以不可芜？则曰：是农夫之耻也。彼其所以治其家者亦然。自伦理学者考察之，则知农夫之勤于田园以益井里，教其子弟以助国家，悉出于彼之所自愿。彼又务增进其生计界之动力，使必举彼之行为而区别之，若者为己，若者为人，则竟有所不能。要之种种行为，均为己而亦为人，合有意识及无意识之鹄的为总量而决定之者也。凡举各种行为而别之曰，若者为己，若者为家族，若者为社会，是与计快乐之数量者同，皆伦理学家误以概念之区别为事实之区别者也。

其在学者及美术家、政治家，何如乎？凡学者当其七十生日若其他令节，则世人所以颂祝之者，必曰，是人者，为国民若人类之幸福而尽力者也。而其人亦或以此自表，如伏尔弗（Wolff）自序其所著之书，曰：吾爱人类，吾书皆为利人而作云云之类是也。夫伏尔弗之言，余非不信，然吾抑不知彼著书之初，固尝先提一人类幸福之问题，次则计画其何以利人类者，乃始发见其所谓理性之思想，而后执笔而书之耶，是不能无疑。吾意伏尔弗必先得一问题，而务欲明辨之，继则既得明晰之思想，而欲以笔达之，于是时也，时而思透澈其论，以邀读者之激赏，学术杂志之表彰，抵制反对者之攻击，其愉快为何如！时而思尽力发挥真理，则得使利益人类之认识，益高其价值，因而成此多种之著作也。夫由此种种之希望而著作，其所著之书之价值，并不因之而贬损。至于专为利人之鹄的而著书者,亦不必无远劣于好名者之所著也。叔本华者,素不措意于他人之利害者也,其著书也,皆欲泄其所窥见之大秘密,而公之于世,未有以利人为鹄的者。彼之著作,如诗人之行吟,美术家之奏技,自实现其精神界之秘妙而已。夫使世界有我而无他,则一切著作,诚皆无谓。无听者则演说家必不启口,无读诗者则诗人文士或未必下笔。然当其经营之始,固不必专为他人设想也。格代尝语伊克曼(Eckermann)曰:余未尝以著述家之责任自绳。如何而为人所喜,如何而于人有益,余所不顾也。余惟精进不已,务高尚余之人格,而表彰余所见到之真若善而已矣。

英雄之致身者亦然。留尼达士(Leonidas,斯巴达王,纪元前四九一—四八〇年)率其队与波斯大军力战而死之,其动机为利己乎?为利他乎?是亦无谓之问,而强欲分其所不可分者也。彼为祖国而战,固无待言。然祖国者,彼之祖国,而非异邦人之祖国也。如曰,彼为其名誉而战死,然彼之名誉,非即斯巴达之名誉耶?吾人尚能强以利己利他之名区别之耶?于是吾人得为之论曰:凡致身者,亦所以自存也,所以存其观念之己也。彼之不惜以生命为牺牲,乃欲存其大于生命高于生命之己也。消极之自杀,无关于自存,不得谓之致身。凡所谓致身者,皆含有利己之元素者也。所谓舍己殉人者,矛盾之言耳。致身者无不图自存,其所以舍财产若生命而不顾,则以其所保有大于此焉者也。反之而小人有以货利之故而卖其朋友、若名誉、若祖国者,彼固非有恶于朋友、名誉、祖国,特以贪货利而为之。故君子小人之别,在其所见之幸福高下如何,而人格之高下随之。盖观其所见幸福之价值,而得以定其最深之意向矣。

物理学者,尝言宇宙间无一孤立之点,物质世界之各原质,皆与他原质互相影响。道德世界亦然。各人之行为,必有影响于全道德界,而全道德界之现象,亦必反应于各人之行为。全道德界之现象,势不能究竟其效果而证明之,亦犹物理世界,不能究竟一运动之效果也。一岩石之落,似不足以动地球之重心,而必非无所动。一人对于烟草若咖啡之好恶,似与烟草咖啡全体之贸易,无甚损益,而决不能无损益,且于全世界之农业及生计,皆有影响也。一人于一行为,一美术,一思想,一言语之好恶,若与全国民之风俗、美术、思想、言语,无甚变动,而决不然。凡事实,一切现象,皆互相关联,无论何人,于他人之行为,不能毫无系属,其见闻他人行事也,辄判断之,或以为善,或以为恶,而一切判断之效果,即为对于一切行为而助进之或阻碍之舆论,盖人人以为他人行为皆与己有直接之关系,而或推之或挽之焉。

然则为利己主义利他主义之区别者,果无谓之至耶?行为之动机,果全无差别,可被以利己若利他之名者耶?

曰否。余意非谓此也。吾人所遇之事,己之利害与他人之利害相冲突,或近似于冲突者,盖往往有之。于此时也,非损人以益己,则必屈己以利人,此其大有关系于道德之价值也无疑,虽然,人我利害之冲突,利己利他两动机之矛盾,非正则而变则也。以正则言之,利己利他之两动机,固一致矣。生存之道,非如多数伦理学者所说,物竞日烈,终无平和之一日,盖人人虽未能骤脱于物竞之范围,固已有多数之人,不待为激烈之竞争,而能生存者。处健康之家族,厕秩序之社会,尽正则之职务,则所经验者,大率人己两利之道,鲜有迫于非损己不能利人之境者焉。

(四)道德之判断　以道德律判断之,凡损己利人者,无论情事如何,皆为义务耶?或本非义务而可为盛德耶?叔本华之见解盖如此,而世人普通之说亦然。盖言语之习惯,固若以利己之与恶,利人之与善,其义从同矣。然吾人试详察之,则其事固非可以片言折之者。一切行为,出于利他之冲动者,果实际为人耶?具利他之鹄的者,其果有利他之效果耶?世固有以利人为帜,而其实乃贻害于人者,其意固亲切于人,而受其影响者,转沦为伤残腐败之境。不智者之善,非善而实害,犹是自然冲动之未经陶冶者耳。莎士比(Shakespeare)于其所著《梯蒙》(Timon "Von Athen")剧本中,力写无识而好善者之恶果,殆无遗蕴。是故仅仅利他之性癖而已,在道德律未足以为善,况专以此为善耶?

更进而求之,为损己利人之行,而果有利于人,则无论其事如何,不能不谓之善,谓之义务矣。虽然,吾人其以他人小利之故而弃吾重大之利益耶,欲塞病者至小之希望,或少杀其病势,遂牺牲吾之财产,若健康,若生命,以供之耶?是义务耶?是即非义务而尚为盛德耶?且吾人其当牺牲吾亲子兄弟之利益,以充他人之希望耶?平心而论者,必曰:否。父子兄弟与我之关系,视他人为密切,吾以徇他人希望之故而损吾父子兄弟之安宁,是非特不合于义务,而反背之也。是故人仅仅能牺牲其性癖若利益而已,未足以为善,必其能以此而增进他人重要之利益,乃为善耳。牺牲其身以救他人之生命,以殉国民之公益,是为大善。不能自制其欲,因而陷他人于不幸,则恶也。

然则道德界善恶之判断,以其鹄的之在客观者之关系为基本。吾人本是而定利己利他两义取舍之标准,将曰:无论我利他利,常先其大者而后其小者乎？凡功利论之以社会之利益为鹄的者，皆用之。以最大多数之最大幸福为绝对之鹄的，种种行为，皆视其客观界之价值，而以其所生幸福之量计之。凡损己之事，苟其所益于人者视所损为大，则必行之，其或所益于人者小于所损，则不必行之。

然吾人欲以是为普通之标准，则尚当更狭其规定，以免误解。盖吾人所当先致意者，幸福若安宁，非若货币之可以把握而授受者也。幸福者，动力之效果，吾人当自以勤劳得之，而非他人所能赠馈者。他人惟能自其左右贻以相当之助力而已。是故普通之标准，决非可以简单之式示之。而所谓吾人之行为，必如何而能得最大多数之最大利益，亦非吾人之所能决算，吾人惟能无所踌躇而断行道德之行为而已。是非取决于客观界利害之量，而取决于鹄的之自然秩序也。余之义务，以余职务地位之所属者为第一，由余与他人特别之关系而生者次之，由余与他人因偶然之关系而生者又次之。若后者之利害，视前二者为重大，则余当自离于重心之己，而特别为之尽力，此吾人于事实界所易决者也。譬之人之以他人之环列其周者，为有向心力之众球，则视其去我中心点之距离，而定其动力所及之率，此物理器械学之规则也。其所以不能不如此者，则以种种利害，使皆以客观界之全量影响于吾人，则吾人中心点之本质，必为之崩解，而吾人之一切行为，亦崩解而无效矣。故一切助力之效果，悉视助者与被助者之距离，而减损其比例焉。

夫吾人之于利害，非必无舍近而就远者。为国家之生存及自由而舍其身，为正义真理而舍其家，固吾人所不辞。且吾人亦尝赞成撒马里亚人能不顾其一身之利害而救其见捕于贼之邻人。盖是时，自彼以外，固未能有救之者也。惟以常例言之，则终以先近而后远为准。慈善者自家庭始，此英人最善之俚谚也。

（五）进化论伦理学说与利己、利他两主义之关系　论者或曰：基本于进化论之伦理学，不足以说明社会之道德。盖自然淘汰者，能使人养成强大、敏捷、顽忍诸德。以为一己趋利而避害，决非以克己之德教之，况牺牲其身耶。凡人必无所顾忌，则足以自利，而力益强。自然淘汰者，所以发展如此之模型者也。因而进化论之伦理学说，亦不能不赞成之而提倡之。充其义，必将以无所顾忌之利己主义，为自保存自发展而达于圆满之道矣。

余答曰：否。使人类能孤立而自存，则是说或然。然人类之所以生存者，非恃有社会及国家乎？肉食之兽，孤立而能生，故其生活形式之发展，或如论者所言。然人类所以占优势于生物界，而毒虫猛兽不能为害者，全恃其有结合社会互相维持之能力，若言语，若悟性，若器械之发明，皆属焉。凡合群力以达一共同之鹄的，其力莫大。由是而爱群性遂为自存之要素，因而演为各种性质，如信义、友悌及牺牲私利以徇公益之类，皆是也。即此种种性质，而求其最固最深之根据，则即在服从社会亲爱同胞之性质，故能实行社会之道德，而不为自然所淘汰，且争存于各民族间，而特占优胜也。盖人类最险之敌，即人类。故一民族与他民族竞争益烈，则一族中之结合益固，而贪诈怯惰之弊益摈。及其与他族息争而言和也，则内部之统一，渐趋于弛缓矣。平和之时代，人往往有侵侮同胞，以图其小己之自由若利益者。在抵抗异族之时，此等性癖，无自而发生，即有发生者，亦未几而抑制之。在文化之初期，人类爱群性最强，各人皆仅为民族若都市之一分子，而并无独立之人格，否则不足以自存。故如忠义、信实、勇敢诸道德，尤为往昔英雄时代所最重也。

吾侪于此，不能不一核斯宾塞尔利己冲动益减、利他冲动益增之说。其言曰：人类益进化，则其性情渐与交际之生涯相惬，而战争之祸，与年俱减。且人类战争之本能，亦与年递减，而以交际之本能代之，于是战争之形式，悉为平和交际之形式所制压矣。斯宾塞尔盖以生物学之所证明，凡生物对于其子孙之注意，益广其范围，则其为生育子孙之故，而牺牲其一身之精力若寿命者，乃益缩其范围。故由是而演绎之，且豫期之曰：利他主义益发达，则对于他人幸福，亦为其须臾不可离之快乐，而下等利己之快乐，益为此高等利己之快乐所抑制，而且其时一切自然界之缺陷，必已随文化之进步而益减。而所谓利他主义者，至不必有怜悯恻怛之状，与牺牲其身之行为，而悉为同情欢喜之态。同情欢喜者，无损于己而可得，亦利己之快乐也。斯宾塞尔既以人类快于利他之兴味将若是其大，则亦自虑其说之过甚，而又以下说调停之曰：人皆知他人亦欲得此欢喜，而且知他人各有得此欢喜之能力，则各循其自然，而不至追求过甚焉。

斯宾塞尔为此说而又附记之曰：吾为此说，不冀名为基督教徒，而实为异教徒者所赞成。虽然，余今者不能避异教徒之呵而曲从其说。

斯宾塞尔以过去之进化史为基，而设想未来之世界。然其于过去之迹，不免有以挟偏见之故而忽视之者，即战争与社会之关系是也。战争者，对于外部而发展其敌对之本能，亦即对于内界而发展其交际之本能。战争稀，则战争之本能，固为之弱，而内部结合之势力,亦为之渐弛。斯宾塞尔所述之进化史,交际益繁,则战争益减,其事诚确。吾人固早已异于美洲土人之手不释兵,而商工业之竞争,乃日益激烈。盖生活状态,既已改变,则人之性质,渐与相应,本自然之理,人类固由是而益习惯于共同之动作矣。二千年前,与马利古斯(Marius)及该撒(Cäsar)战争之日耳曼人,自不如其今日之子孙之习于商工。然吾人不能以此等之习惯,与利他感情之发达,并为一谈也。人类即未有互相亲爱之情,而仅为利己感情所驱迫,亦将循秩序而共事。如今之商工社会,相疑相嫉之情,远多于畴昔之农夫是已。畴昔德国之农业,业主与佃人,无连合,无诈欺,不行险侥幸,不倾轧同类,一家财政,鲜有与他家相关者。及通力合作之制,日益复杂,而互相轧轹之点日多。试问今日种种社会,其轧轹最甚者,何在乎?官吏乎?教员乎?僧侣乎?抑又农夫乎?兵卒乎?是人人所能答也。此其故,由工商社会,远不如农民之质朴,一方面虽若增其友睦信任之状,而一方面乃增其嫉妒猜忌之心也。

斯宾塞尔之说,以家族关系之发达为论据。余以为家族之关系,亦向两方面而发展,当今之世,恒有不和之家族,为古人所不及料者。盖自各人之特性日渐显者,则彼此好恶憎爱之情,亦日益剧烈,此自然之理也。观夫山野群居之禽兽,平和度日,远胜人类,则思过半矣。

国际亦然,文明之国民,以平和为常,而战争为变,野蛮之人反是。文明之国民,以战争为进化之阻力,而野蛮之人,则视之若游戏然。夫战争固可弭乎?斯宾塞尔则固豫言之。然一国民固能不萌侵略他国民之思想乎?吾恐国界不泯,则互相侵略之思想,必与此终古。如曰国界终有泯灭之一日，则时局大变，将有何等新历史，何等新生活，亦无烦吾人今日之豫为筹议焉。或曰：斯宾塞尔之未来乐天说，诚属梦想，然其说即有谬误，抑岂非有益于人生之谬误耶？盖推斯宾塞尔之意，在激励人类，使为未来之世界致力，固人人所信也。夫未来世界之理想，于人类之感情及行为，不能大有影响。其或闻而信者，盖亦有之，然或不免因是而生他种之效果，即误视过去及现在之世界而憎恶之，此则斯宾塞尔立言之过也。斯宾塞尔以生物学之综合为公例，而于人类历史中复杂之事实，不免有所遗忘。又彼既挟未来乐天说之成见，则不能平心以判过去，此其所短也。夫未来世界，即使其最高尚之幸福，若道德，而过去之人类，并不因是而失其所谓幸福道德也。彼等之生涯，不特最宜于彼等，而尤为人类进化所必不可少之状态，此其状态之不失为有价值，亦犹人类于幼稚时期以嬉戏为乐者，亦不失为有价值之时期也。夫商工之模范，固有其幸福，有其可崇拜者，战争之模范亦然。意者若亚希尔（Achilles，希腊之英雄，以勇闻），亚历山大（Alexader）之流。当商工业极盛之时代，尚有崇拜之者乎？抑仅仅人类未脱猛兽性质之时，相与崇拜之乎？要之猛兽必为猛兽所崇拜，则确然矣。

第七章　道德及幸福

余前者既言及道德及幸福之关系矣，兹更当详言其理，而由两方面考察之：一曰道德之影响于幸福者，二曰幸福之影响于性格者。

（一）**论道德之影响于幸福者**　善者得福，恶者受祸，是一切国民所据为第一原理，以为考察道德界一切事物之根本者也。此等确信，由彼等生活经验之结论，而常表之于俚谚之中。斯弥得(L. Schmidt)所著《希腊伦理学》第一，凡希腊人之俚谚及文词，关于此义者，网罗无遗，且为之序曰：人类之运命，至公至正，善人受赏，恶人受罚。此希腊人最确实之信仰也。斯弥得谓和美耳(Homer)之诗，已以此文为主旨。嗣是以后，是等思想，遂为希腊著诗述史者之根本问题。彼等以为此等正义之实行，即人类运命受治于神之确证也。凡神虽亦有喜怒哀乐之情，一如人类，而由其全体言之，则确为正义道德之保护者。神于犯罪者，破契约者，背君父者，不善遇宾客者，皆罚之。于杀人者死之，其应报固有迟迟者，或且有施之于其子孙者。其后由东方输入轮回转生死后裁判诸说，则且谓其应报有施之于来世者。然要之犯罪者无论如何，决不能免于刑罚而已。神之爱善人也，务使其身及其家，无遇不幸，无犯罪恶，而以幸福终其生。希腊语所谓见爱于神者，即指敬神而爱人之人也。

《旧约全书》中之诗篇及记事，亦以此等直觉为其根本之思想，其记事诸篇，皆谓天神甄别各人及各国民之行为，而示其赏罚。其诗篇之所赞赏，则皆正义诚笃及最深之信仰也。

神之于服从神命者，决不忘之，虽其子孙，犹贻以多福。正直者虽时亦不免困厄，而神必不以此而堕落之，或转以其困厄为幸福之媒介也。而不信神者，则必不免于堕落若覆亡。

由此等直觉之学理而进化，是为希腊道德哲学之内容。彼等不惟以是为出于偶然之神意而已，乃谓一切事物之性质，皆有道德与幸福相结合之力,然其幸福之概念,偏注于内界之性质,盖谓德行直接之效果,不必在外界之幸福,而在内界之幸福,即所谓内界之平和也。外界之幸福,不必为仁人君子所必得,而要其德行,固已有吸收外界幸福之力,且即使外界之幸福,终不可得,而内界之幸福,则固可操券矣。此等原理,即近世伦理学之大势,亦与之符同,若霍布斯,若斯宾那莎,若拉比尼都,若伏尔弗,若昔弗脱布里(Shaftesbury),若谦谟,皆从事于正义安宁互相因应之证明者也。然则近世之伦理,亦以正义自生幸福,不义自生不幸之主旨为其中心点。德也,安宁也,名誉也,内界之平和也,一类也;不德也,不幸也,耻辱也,内界之阢陧也,亦一类也。无论何时何地,德与内界之平和,不德与内界之阢陧,未有不相与结合者。惟安宁名誉之于德,耻辱不幸之与不德,则未必如响斯应耳。

持此见解以论道德及幸福之关系者,所谓乐天主义也,反对之者,则为厌世主义。持厌世主义者,谓恶人常享幸福,而善人常陷于不幸。检各国民之文学俚谚,而求其反对于福善祸淫之证据,诚亦不难。盖常有小人,习行其侮弱媚强之诡计,而因以攫取富贵者。狡狐小说(原名 *Reineke Fuchs*,其曰 Fuchs 者狐也,Reineke 者此狐之名也),格代所许为通俗之圣经者也,其中亦含此义。暴威之代表者,狮也,诡谲之代表者,狐也,是为君及大臣;其他正直之羊,驯良之兔,素野之熊,朴讷之狼,则皆在下位。《新约全书》,亦承认此义者也。正直者不可不为正义及真理而尝艰苦,是为古代基督教之根本主义,凡基督教徒,皆不可不如其祖师基督之备受屈辱凌虐而不悔焉。

乐天主义与厌世主义孰是,将厌世者是而乐天者非乎?余以为不然。

凡各人各国民所持厌世之思想,在乐天主义中,固有说以调和之。夫吾人诚不能谓善人必无遇外界之不幸者,如慎于卫生者,间或寝疾,而习于纵欲者,或反健康。君子固穷,而小人得志,忠荩之臣,恒为君主所憎疾,而便佞者则宠禄及之,此诚人世所不免。然此等事状,恒使世人异常注意,而为之不平,岂非明示其不合于普通之规则,而当为变例耶?凡以轻薄纵姿之故,而夭逝其身者,人皆以常事视之,曰:是固然。然使以守义持正之故,而遭际困厄,甚而至于死亡,则人无不叹天道之难知者。贤者进,不肖者退,人皆习以为常,至如素行不轨而忽致巨富,则人将永以为口实,是岂非人世之常态耶?

凡变则者,足以证明正则之可据者也。前举各例,使非反于自然之理,则人亦何由而哓哓耶?求利者以诈伪,不如正直,求友者以诡谲,不如恳笃,要之有德者必有幸福,而不德者必陷于不幸之正则,固不以偶有变则而摇动也。

善善恶恶,正则也,而亦有变例,如恶人之恶直而丑正是也。淫奔之女,遇贞淑者而恶之,彼以为世有贞淑之女,而淫奔者遂为世人所垢病,故多方以谗诬之,构陷之,必使陷于污辱而后已。彼固以为非辱人则不足以荣己,是即恶人所具陷人为恶之冲动也。他如谄谀者忌克者之恶正人君子也皆然,彼自以为受正人君子之弹斥,而因而为世所鄙夷焉尔。

故无论何时何地,苟有一社会焉,为奸佞者所把持,则其间正人君子必不为人所敬爱,而转受轻蔑凌暴之待遇。然而奸佞之徒,势不免互相冲突,举全社会为怨毒之府,而土崩瓦解之势成矣。希西亚若(Hesiod)之诗,有寄其厌世之思想者,尝预写社会崩解之状曰:父子不相爱,宾主不相敬,朋友不相信,兄弟不相亲。子长则骂詈其父母,而凌侮之,不畏神罚,不守盟誓,而破坏他人之都府,行义守道者见鄙,而小人见重于世,权利悉为豪强者所占,而礼让者无与,奸谲之徒,陷害正人,举一世而为凌辱憎怨嫉妒之府焉。是诚善为希腊人写地狱之变相者矣。

观于此,而基督教中,人生道德之见解,亦可知已。古代基督教徒现世之概念,殆与希西亚若所写者同,试读其《罗马书》而以希腊罗马之世态比较之乎。彼《罗马书》第一章之言曰:一切恶德,若不义,若邪慝,若贪婪,若暴狠,若妒忌,若凶杀,若争斗,若诡谲,若刻薄,若谗言,若毁谤,若怨神,若狎侮,若傲慢,若矜夸,若矫诈,若不孝父母,若凶顽无信,若不情,若不慈,是皆神之法律所谓行之者必死者也。彼等既知之而犹行之,且不惟自行之而又喜人之行之云云。持此等见解以观世,而又显揭之,是则基督教之发现也,不为世人之所容,固宜,盖基督教徒亦自知之矣。

基督教又有预言之一事,则世界末日是也。彼等谓人类必不能常存,且亦无常存之价值。盖彼等所见之世界,全如希西亚若及保罗之所写,则其不能常存也无疑。然世界至今未灭。而基督教历经挫折,渐受信仰以后,以迄于今,人类之行为,实迥不同于彼等之所写。然则彼等所谓当时人类之不能常存,亦复不诬也。且古代基督教徒,亦非仅抱厌世主义而以此世界为不可救者。《新约全书》有劝教徒见善果则赞天父而行善之事一章,又《提摩太全书》第四章第八节,言敬神者凡事有益,今生来世,皆可操券而得之,是皆言善人在世宜得幸福,与《旧约全书》之说同也。

又有当附记者,则基督教徒不以困厄为不幸是也。彼等谓困厄者所以玉我于成,故虽有何等困厄,决不稍扰其精神之平和,及神赐之幸福。彼等且以为被迫于世人,正彼等非此世间人而为悠久天国之民之一证。彼等虽当道德与幸福不相一致之时,而确信道德之敬虔与内界之平和,密接而不离。不宁惟是,彼等直以道德之敬虔与内界之平和一而非二也。于是吾人又得一结论曰:实行道德者,仅以道德为其鹄的,即使外界之幸福,不与之偕,其感觉之部分,若有所苦,而要之实行道德,即精神之幸福也。斯宾那莎曰:幸福者,非道德之应报,而即道德也,是也。人苟不以道德为鹄的,徒以求祸畏罪之故而行之,则一旦外界之幸福不如其所期,将遂不免有天道无知之怨。然使彼反其道以行之,而幸得如其所期,彼果能无慊乎?然则道德与幸福,确有内界之关系,而不德与不幸,亦不能不有密接之关系,明矣。吾人固亦能设想,有一人焉,纵欲无度,永不自觉其良心之苦痛,而逸乐以终其身者。然世界果能有是人乎?吾恐行不德者终不能免于良心之苦痛也。

(二)论幸福之影响于性格者　吾尝言幸福有属于内界、属于外界之别。外界之幸福,即富贵,权势,名誉,健康,胜利,及其他一切满志之事是也。此等幸福,其影响于性格者何如乎?

享幸福者,常有损性格而失安宁之虞,此观察一切文明国民之人事,而可认为第二之真理者也。余于希腊人善人得福、恶人受祸之思想既详叙其原因矣,而彼等又以为外界之幸福,与内界之幸福不同。《旧约全书》之诗歌,谓幸福足以长傲,凡享外界幸福者,必流于骄慢,骄慢者必逞暴行,逞暴行者将受神谴以亡其身,是即希腊国民所认为自然之理者。盖征之希腊诗人及历史家之所言而可知。惟出类拔萃之贤者，始能永享幸福，是诚确有根据之直觉也。幸福与成功，常易使人自足，而流于骄慢。享幸福者虽尚明于评人，而常昧于自知，自夸其功，而视他人之沉滞坎坷，则以为无能，于是见他人之勤力而不之重，见他人之困厄而不之怜，日肆其骄侈，而遂为神人所共愤，凡战胜而骄者，常轻蔑邻国，凌其弱者，虐其所败者，自以为安全无患，而一旦覆亡随之矣。

夫吾人何以睹享受快乐之人，而辄起嫌恶之情，此其事不可忽也。酒池肉林，以肆口腹之欲，常使见者不欢，见肆情纵欲之人而不之嫌恶者，殆非人情。故耽逸乐者，常以离群索居为幸，诚恐为人所见，兴味索然。而好虚饰者，乃务以幸福夸耀于人，又何故耶？吾人读英雄传，及其战胜困难，既达初愿，则无复兴会。故为之作传者，于其得富贵享名誉以后之事迹，常略之。格代自叙，所以绝笔于移居华因曼尔（Weimar）之时也。格代之杰作《否斯脱》小说曰：耽逸乐者凡人耳。可谓名言。盖晏安者，耽毒吾人之精神，使之堕落。否斯脱所以能抵抗天魔之诱惑，惟不耽逸乐故。彼天魔以种种逸乐诱否斯脱曰：吾将使之同流俗而耽逸乐也。然否斯脱虽辗转流俗之中，而卒能蝉蜕于逸乐，此其所以能抵抗诱惑也。彼之自拔，由其品性高尚，不为逸乐所动而已。

由一人而推之于团体若国民、社会、党派，亦然。苟其共享幸福，则衰亡之兆见已。彼将由是而失其自知之明，耗其实力，弛其节制，卒也颠覆于其素所鄙夷之敌人，盖世之可畏可疾者，固未有过于矜伐而骄奢者也。

幸福者衰亡之媒，其证据如此矣。而不幸之境遇，若失败，若坎坷，乃适以训练吾人，而使得强大纯粹之效果。盖吾人既逢不幸,则抵抗压制之弹力,流变不渝之气节,皆得藉以研炼,故意志益以强固,而忍耐之力,谦让之德,亦由是养成焉。幸福者,常使人类长其互相冲突之性质;而不幸者,则使人类以温和、含忍、正直之性质,互相接近。夏日旅行,忽逢骤雨,则虽互相疾视之人,相与同止于亭轩,而谈笑无猜。其在一都会,一国民,遭大不幸,则虽平日相憎相慢者,皆同心协力以御侮,皆其证也。最高尚之道德,非遭际至大之艰苦,殆未有能完成者。基督为众人崇拜,历百世而未沫,即以其际遇艰苦之故。当其时,官吏虐之,庶民诽之,弟子叛之,而彼遂被磔于十字架,此正所以玉成其为素王也。方彼之被磔也,盖将曰:吾于此世界所经营之大业成矣,吾虽为善而得祸,然终不以世人之诽谤若凌虐,而扰吾内界之平和也。

基督教者,粹然苦痛之哲学也。《梭钵》(*Hisb*)(书名)曰:苦痛者,此世间人类之生涯也。可谓能抉发基督教之本旨者矣。希腊人之思想,亦有如是者。不受教育于艰苦者,不能为大人君子,此美纳多(Menander)之言,而格代引之以冠其自叙者也。而希腊国民之悲剧,亦以发挥艰苦能使人高尚而纯粹之理为多。

苦痛者,刑罚也,而又为良药,盖源于幸福之精神病,如暴慢之类,得此而始痊,此希腊爱西布斯(Aeschylus)悲剧之观念也。正人君子,并无所谓精神病,而有时横遭不幸,则力能忍之,亦足证人类意志之强大,能不为自然所束缚,而达于高尚之地位。如苏格拉底之从容就死,不亦见不幸之不足以困正人君子乎?马克斯奥力流(Marc Aurel)曰:不能诱吾为恶者,何害之有,此之谓也。

由是观之,确实之幸福,必合幸与不幸而成之。所谓际遇佳运之人,必非终身逸乐之谓,正谓其迭处于幸不幸之间,而比例适得其当，如欢乐与苦痛，成功与失败，满足与缺乏，争斗与平和，劳力与休息，互相调剂，而适得其平者，是也。吾人之精神，幸与不幸，不可以偏废，犹植物之繁茂，不能偏废雨旸然。彼夫一生沉滞者，或迫而为厌世之思想，然终生处顺者，果遂可以为幸福乎？纵使彼幸而不流于暴慢，然于人生最大之事变，未能阅历，则其最大之材干，亦无由而发展。常胜之将，无练其韬略之机会；全福之人，亦无展其精神界一切能力之机会。彼将以其运命为不利于己，如颇里克拉脱斯(Polykrates)之自憎其幸福者矣。

于是吾人得断言之曰：实际之生涯，必适应于人性实性之需要，大抵幸不幸交迭而经验之。人之多得幸福者，固不必引为大戚，而多际不幸者，亦无所庸其怨尤焉。幸不幸之比例，必如何而后为适当，吾人自信之而已，无术以证明之。故幸不幸之轮回，虽无时歇绝，而笃信其理者，乃不易得，然人类之备尝艰苦以亡其身者，盖亦多矣，而孰敢谓现在之生活条件，果有障碍于人性之发展耶？

国民之境遇，在当时视为最屈辱之时代，而后日转认为繁荣之基本者，往往有之。征之德意志之历史，耶拿(Jena)之战，德人最屈辱之时代也，而异日称霸欧洲，乃基于此。若夫一时之胜利富强，为衰亡之兆者，尤古今史乘所常见者矣。

世盖有不满于现在世界，而驰想于其他之极乐世界者，无论其想象之无据也，即使果如其所想，别有天地，而容彼居之，恐彼转记忆其素所嫌忌之世界，而以为较胜矣。世尝有厌其故国而迁居海外者，未几而乡思顿生，乃悟一身与故国之关系，至为密切。今之持厌世论者，亦然。苟使彼暂离大地，居于星界，其思慕故土之思，将油然而生，而悔其持论之不衷矣。

第八章　道德与宗教之关系

(一) 道德宗教历史之关系及其因果　道德与宗教,其果有必不可离之关系,起于其内界之性质者耶?抑各自独立,而仅有偶然之关系耶?余今将论此问题,而先考其历史。

征之于人类学。人类之进化,达一种阶级,则宗教与道德,必有密切之关系。一切道德,皆受诸神之制裁,合宗教及道德之命令而构之以为法典。敬虔也,德行也,一也,其最著者,如摩西戒律,合宗教道德及法律之义务而一之,悉为神律之一部。此等义务,皆有相等之责任,以其同本于神意也。有犯之者,则众罚之;是为国民宗教之义务,于是以畏神为道德之基,而敬神与行善,黩神与作恶,其义同也。持此直觉者,不惟犹太教,即基督教及回教亦然。且如希腊人、罗马人、印度人、波斯人、埃及人,及亚西利亚人之所信仰,亦莫不然。一人及一社会生活之形式,皆具于宗教,所以规定国家社会之制度。一人之生涯,及一切道德习惯者,悉以宗教为基本焉。不宁惟是,即在亚美利加之墨西哥人、秘鲁人,其宗教与道德,亦皆有同一之关系。华依次(Waitz)尝以古代亚美利加人之格言,有不逊于希伯来及耶稣教徒之言者,证其国民文化之进步;且断言之曰,欲验一国民文化程度之深浅,莫善乎观其本于宗教之道德,而究其宗教及道德融合之度如何焉。

然则宗教与道德之关系,吾人苟不于其根本求之,又何从而求之哉?虽然,征之事实,则亦有与此相反者。最幼稚之宗教,仅以魔术欺人,与道德一无关系,崇拜偶像之教,亦于崇拜者之行为,非所过问。苟此等事实,皆属于根本者,则道德与宗教之关系又何在耶?

吾人由其外部而观察之,则得而为之说曰:宗教之仪式,为科学之第一对象,其重要之仪式,不能稍有省略,苟小误之,则不惟无益,而且有害,征之印度及犹太进牲之仪式,而可知也。是以祭司必富知识,凡宗教仪式之知识,皆祭司社会相与讲明而传习之,由是渐有定制,无论何人,必当恪守,一切道德法律,渐被摄入于其法典中,而一切人民,皆对之而有责任。然则所谓超绝之义务,其初附属于宗教,而后乃扩充之于道德及法律也。

宗教义务及道德义务之间,尚有属于根本属于内界之关系。一切道德命令之性质,大略从同,如奖励殉道、洁斋、持戒、节欲之属是也。而一切宗教仪式之所表彰,亦不外乎屈己意以从高尚伟大之神意,故谦让者得神佑,而傲慢者获神谴。道德之所奖励,亦即在限制己意以服从权威。坏乱道德,与亵黩神圣,实具同一原因于内界,即傲慢之习惯也。神为傲慢之敌,故即为道德之保护者。凡人类之无势力者,无权利者,漂泊异乡者,羸弱者,尤为神所呵护。如人有侮慢宾客若老幼者,则神必罚之,此其所致意者也。

抑考求宗教道德之关系,更有进于此者,吾人于一切宗教得谓之对于超绝之实体而信仰者。凡宗教,皆以不满于经验界所见实体之感觉为前提,魔术教及偶像教,亦因豫想有超绝之势力若实体为自然势力所不能达者,乃欲以魔力达之。自人类之生活进化,而意志亦渐趣于精神界,盖当其文化最稚之时,意志之鹄的,专在动物之要求,及其进步,则其鹄的乃移于尽善尽美之生活,即所谓人道之理想也。人类意志之趣向既变,则其所豫想超绝世界之构造,亦与之俱变,而始有多神教。在偶像教尚为漠然无定之魔力,而多神教则益以邃远,而为有人格有历史之实现。多神教之所谓神,乃以代表人类美善生活之理想,而使之实现于目前者也。希腊之神界,所以代表其国民理想之人类世界于客观,故诸神之形体,各表希腊人人生理想之一方面也。而此等超绝界,亦不能无影响于经验界。彼等谓诸神者,常注意人类之生活,诱掖之,保护之,纠责之,以导人类于美满之域。虽魔术之性质,未能尽去,其人民为欲达健康富贵成功胜利之故而祈祷者,尚占多数,然国民之先觉者,渐尽斥妖术,使普通人民皆以诸神为人类美满生活之表象,非必有所欲望,而专以崇拜渴仰为宗教之本领焉。历史中进化最高之宗教,为一神教,其理想之要素益多,如基督教者,盖尽脱魔术矣。耶稣及其徒,惟求神意之实现,而基督教之祈祷,则以凡事出于神意者皆善为前提,是其归依渴仰之至笃者。彼等以为神意者,神圣也,公正也,慈悲也,吾人当以己之意志实现之于客观界,以明神意,以当默示,此诚人类至纯粹至深邃之意向矣。

于是余得为结论曰:凡一国民之宗教,皆反映其意志于超绝界,以表其最深之欲望者也。以信仰之心观之,超绝界为现实,而经验界则非现实,且本有价值。然超绝界与经验界,决非截然不相通者。何则?一切纯粹之黾勉,皆向理想界而进步者也。

于是道德与宗教之关系可知矣,二者同出一源,即热望其意志之达于美满之域者是也。惟在道德则要求之,而在宗教则实行之。盖圆满也者,在道德界仅为抽象之叙述,而在宗教界则为具体之直觉也。自客观界言之,道德与宗教同物,而以二方向现之。人之以其意志及行为勉达于美满之域者,道德也;以神为美满之代表而借以充塞其感情信仰及希望者,宗教也。

若夫宗教与道德结合,则宗教之制裁,必大有助于道德之陶冶。犯宗教戒律者,恒有不胜愧怍之感,此即可移用之于道德之命令者也。且宗教写象之定向,尤有效力,即死后生活之信仰,所谓人类未来之生活,皆直接受辖于神者,是也。自现在世界观之,神之势力,不免稍远,所谓福善祸淫之作用,亦非出于必然,故作恶者尚以得逃神鉴为希冀,及其死后,则一切无可掩蔽,而悉受神判,为功为罪,皆有公平之赏罚,而无所逃避。生前稔恶者,其应报悉由自取,而刚正敬虔者,亦得餍其愿望而无遗憾焉。由是观之,宗教界之恐怖与希望,非大有拥护道德之力也与。

高尚之人,于此等动机,更为纯粹。以为神也者,不惟为公明之法吏,而实亲爱吾人之慈父也。无亵其公明,无负其亲爱,此敬虔之人所造次颠沛,不敢忘者也。凡俗之人,其宗教心亦不免凡俗,彼且以为未来赏罚,可以市道袭取之,苟能尽义务于宗教,则虽恣行不德,亦复何伤。一切罪恶,皆可以施舍僧寺之金钱消灭之。凡宗教之仪式,渐趋复杂,则此等弊习,皆所不免。耶稣所以诋犹太教之保利赛主义,路德所以攻天主教之慈善会,斯宾塞尔所以短新教中之迷信派,皆以其弊习也。弊习积而不祛,则为宗教界之大害,将使爱真理崇道德之情,为之痿疲,而又为发生狂信之素地。狂信者,以为不敬吾人之所崇拜者,即不敬吾人,即吾人之敌,实即吾人所崇拜之神之敌也,屠戮此辈,使无遗种,即吾神所奖励之善行焉。

(二) 论其内界必然之关系　吾于是又转而就最初之问题。道德与宗教之结合,其果源于本质而不可离乎? 将仅于一定之进化阶级,偶然结合,不过一时之现象乎?未来世界,二者果将分离乎?然则道德者将无待乎宗教,而自能达于美满之域乎?

此等问题,至近世而始为热心研究之对象。数百年来,道德与宗教之不可离,既所共信矣。及近世而一切学理之直觉,皆非常破坏,于是道德宗教不可离之成说,亦有疑之者。教会之信仰,先不行于学者识者间,而普通人民,亦渐脱于信仰之范围。至于今日,纯粹之物理世界观,流行最广,彼等以为道德与宗教,伦理学与形而上学,截然两事。吾人之处此世也,决无烦考察世界所以构成之故,此等考察,一人之私事耳。至人类有道德之价值,则无论其为惟物论者、无神论者、泛神论者、怀疑论者,及其他论者,均毫无异同也。

今之深疾此等直觉而痛驳之者,亦间有人焉。其说曰:无信仰者必不顾未来,而仅耽目前之快乐,学理之惟物论,必演而为实践之惟物论,虽多数之学理惟物论者,注重风俗习惯,防其惟物主义之波及于实践界。然学理之惟物论,一转而为实践之惟物论,乃理势之所不可免者也。

彼等以为人之于形而上学有特别见解,及于论理学为无信仰之说者,将有不顾道德律之弊,此余所未敢赞成者也。余敢曰,凡人无论有何等哲学见解,而其负责任于道德律,则皆同,盖道德律者,非由人类随意创造,而实其生活及安宁所自出之自然律也,其所以不随人类之意见而变更者,以此。然则持无神论惟物论之见解,而遂目道德律为赘疣者,不得不谓之谬见矣。

虽然,余非谓无信仰者之必无道德,而有信仰者之必有道德也。世固有不信教会之条义,并不信宗教之原理,而行为悉合于道德者，亦有确持宗教之信仰，克尽宗教界之义务，而所行乃流于刚愎傲慢若狡诈者。

然余亦不以因是而谓道德与宗教，处世与世界观，各不相关系者为然。

世界观之截然相反对者二：其一以善之在世界，最为重要，所谓现实者自善而生，亦即为善而存。吾得取柏拉图世界以善之观念为基之语，而名此见解为观念论世界观。人类所以有神之信仰，则即以善为世界之基本及鹄的故，如菲希的所谓世界秩序最终之基本即道德者，是也。故观念论世界观，又得名之为有神论世界观。而与此见解截然相反者，惟物论世界观也。惟物论之说，谓现实之原理，绝无关于价值有无之区别，且现实界全体，由原子及其合于规则之运动而构成，本无所谓善恶，惟随时间之经过，而一切事物生焉。生物亦全由原子之偶然聚合而生者，生物有苦乐之感，不过原子运动之一变化，所谓苦乐也，善恶也，如是而已耳。一切原子，既偶然而结合，则亦偶然而离散，故独体必有死，而种族亦必有灭亡，生物构成之条件，如是而已耳。是故苦乐善恶之名，皆可消灭，而所余者惟无情之原子及自然律而已矣。

吾人于此两相反对之世界观，必不能无所取舍，而取舍之间，于其意向及处世，不能无关系。其人有观念之内容者，必倾于观念论世界观；其人仅有物质之生活者，必倾于惟物论世界观。此为自然之理。盖意向为本，而世界观为末，故以生活规定信仰，而非以信仰规定生活也。菲希的曰：人之择何等哲学也，视其人为何等人，信然。人苟殉无意识之冲动，而肆目前之嗜欲，则又安得有高尚伟大之世界观耶？人之判世界之价值也，视人生之价值，而其判人生之价值也,视一己生活之经验。苟其一己之生活,仅仅殉无意识之冲动,肆目前之嗜欲而已,则其视世界也,谓不过原子之离合聚散,亦固其所。若乃对悠久之鹄的,伟大之观念,而生活焉者,则必先知一己之生活,次则知人类之生活,既而知世界之若是其高尚,若是其伟大矣。若而人者,知历史之生活为有意义,且现实界全体,实与一己之意向,循同一之方针而进行也。盖一己生活之价值,与全世界价值之影响,有如此者。

于是吾人得谓世界观者,包一切价值之判断而表彰之,即各人意志之反映也。凡人之解释现象也,无不符合于其意向,一切生活,各欲以其所亲爱所珍重者围绕之,则亦欲得其所视为高尚之世界观围绕之,以餍其心。意志凡庸者,得虚无论世界观而已安,则反嫌观念论世界观,而谓一己无关于宇宙之鹄的。意志高尚者,不屑以一己为原子离合聚散之现象,为宇宙之赘疣,必如观念论世界观所谓我亦世界原理所演生,必能与之为根本之调和,而一切黾勉必非无效焉者,而其心始餍也。

生活之影响于信仰也如是,而信仰则亦反应于生活。人既信善之有势力矣,信神矣,则足以鼓其勇敢而增其希望。吾敢言人之处斯世也,无此等信仰,而能立伟大之事业者,未之有也。一切宗教,以信仰为基本,其师若弟,以信仰战胜于世界,古今来殉教者,终身为观念而生活,抵抗诘难,阅历艰险,甚至从容就死而无闷,诚由善必胜恶之信仰也。人岂有别无远效巨功之信仰,而无端就死者耶?是为世界史中最大之事实。苟举此等事实而删除之,则所余者何事耶?若乃无所信仰之人,则意气必因而沮丧。图目前之快乐,而遑恤其后,无信仰者之常态也。格代曰:世界史中第一深远之题目，信仰及不信仰之冲突而已矣。信仰最盛之时期，不问其信仰形式如何，而功业烂然，常垂范后世。若乃不信仰制胜之时期，则亦不问其不信仰之形式如何，而要其各种事业，虽亦间有震惊一时耳目者，皆转眴而歇绝，此则人人趋乐易而避艰苦之效果也矣。

（三）论宗教与科学之关系　或曰：自科学日益进步，而信仰之无谓，不既大明乎？有神论及观念论，非皆多神论时代之骄子，而古昔迷信之遗传乎？以科学证明之，世界之经行，非皆由无关善恶之自然力所规定乎？

方今多数之学者，恒赞成此说。彼等皆以为科学之认识，能破坏宗教直觉之基本，而余则不以为然。余于此书，虽未暇为形而上学之详说，然不能不略举其端绪也。

古人之信仰，谓神者，有人格之一体，存立于经验界，而其偶然之意见，能影响于斯世，此其说之被摧廓而不可复立也。诚然，又如此说者，无论其所谓同于人格之体，为多，为一，无甚区别，既皆以神为实存于世界以外，而偶然影响于斯世，则无论其为多神论，一神论，而概念则同。欲持此等直觉之有神论，以与原本科学之无神论相抵抗，诚知其难也。然原本科学之无神论，非哲学之峰极，而仅其端倪，以其未立积极之学说，而仅举往日上帝创造世界如工师创造时表之谬说而摧破之耳。而摧破谬说，未能成一家言，要当进而究种种之问题，如宇宙果为何物，其构造如何，本质如何之属，是也。

或曰：此等问题，非既经解释者乎？世界者，由无量数极微之原子偶然聚合于空间，互相影响，以成种种之现实而已。

夫以此等见解为无疑之理者,所在多有。然大抵少年方始卒业学校,而稍稍读通俗之自然科学书者为多。若好学深思之士,则鲜或抱此见解,而辄以其无疑之理为可疑,若柏拉图,若雅里士多德勒,若斯宾那莎,若拉比尼都,若谦谟,若康德,若叔本华,若黑智儿,若罗底,若佛希尼(Fechner),皆不慊于此等见解者也。凡认此为无疑之理者,率由其急于立无神论之学说,而不暇精心研究。苟精心以研究之,则将顿觉其可怪:世界者,果由各各绝对独立于其原始界存立界之原子所组成耶?然则一切事物,又何由互相影响,而使物理学者,不得不假定普通相关之律,谓各原子常被规定于其他原子之全体耶?而所谓普通相关者非大可怪耶?各原子既已绝对独立,则其运动也,非亦当绝对独立而毫无关系耶?抑自然律者,驱一切原子,使之互相为影响耶?然所谓自然律者,乃以表彰原子实际之运动,而非由外界窜入者,然则以绝对独立之原子,而又普通相关,非大可怪耶?又安得不设想其本质及运动本有无量差别耶?且一切事物,果皆由原子发生,则其能发生而为宇宙体系,若有机,若思想感情之实体,抑何可异。假曰是皆原子秩序之变化而已,然由其变化而演成种种之历史,抑何不可思议?于是原子论者,亦悟原子秩序变化之说,不足以说明思想感情发生之由,乃遂谓原子者,非徒有广袤及运动,而且含有统一之原则及精神之原理焉。

吾人若由此说而追究其终极,则将如斯宾那莎伦理学中所详叙之说。其说曰:世界者,现实也,其绝对一致之本质,则实体也。一切事物,虽若为独立之状,而实皆实体之所规定,实体次第发展,为有意识进化之世界,与无意识进化之世界,而此两界间,又有普通中行之性质。至管理此两界之自然律,则又出于实体之自动,而非若机械之受迫于外力也。夫实体既不受外力压迫,而特由内部冲动,以开展其本质之内容,而为现实界,是即其惟一自由之原因焉。斯宾那莎之言如此。彼苟不过偏于反对神学反对正鹄论之研究,则必由此而更为之说曰:吾人认识宇宙,当先以物理学天文学之法,认识外见之世界,至于内见之世界,即所谓以有意识进化者。吾人观察之之范围,不能如外见世界之广大,惟各于其心意中直接认识之而已,故吾人于人类界及动物界内界之生活,乃由其形象之现象而推知之,而于人类以上之精神生活,则又无从而认识也。吾人于是举内界生活稍劣之现象,以解释动物之精神生活,又举内界生活之最高度,以当吾人之本质,而解释人类以上之精神生活。由此义而吾人以智、善、公正、神圣诸属性,归之于神。吾人非敢以学理规定之,又非敢以理性及意志归之,盖神之本质,本非人类所能规定,而理性意志,又仅能现势力于斯世,如视觉听觉为斯世之机关,然不可以语于人类以上,吾人惟欲以最美满之观念,摹写其本质而已。绘画雕塑之术,所以表神之状态者,悉按吾人之形体以摹写之,自古迄今,未之有变。吾人固非谓神实有此形体,不过以人类最美满之形体,为神之实体之符号而已。神之本质,虽不可思议,不可写象,而吾人以人类最美满之精神为之符号,其理亦犹是也。

吾人于此,盖不能不循现实界之所指示焉。地球为宇宙之一部分,其发展之历史,为吾人所知之较审者,彼其由无机物而进化为有机物生活,又由有机物生活而进化为精神生活,至于人类,尚矣。思考之哲学家,所构为概念之图式者,新生物学家,业以历史之进化证明之。吾人若摈斥因果相循如二物相逐之谬说,而从来比尼都及罗采之见解,知现实之一切部分,当其运动而变化也,由自力而一致,则夫地球进化,当人类历史生活达于极度之时,即为近于最高之形式,而合于雅里士多德勒所谓全宇宙者,由正鹄之神而运动而接近焉者矣。

余之所以谓道德律为精神历史生活之自然律者,以此。历史生活,既为一切生活中之一部分,则道德律不能不源于一切生活之本质,故余得谓吾人苟能知人类之精神生活,必如何而于宇宙开展史中,达内界生活最高之度,则所循之道德律,即为实体自定之最高形式矣。此于新生物学说,为结合自然与历史之媒介者也。额拉吉来图(Heraklitoo)曰:一切规则,由惟一规则而成立,惟一规则者,神之规则也。培根亦曰:哲学者,浅涉之易使人为无神论,而深究之,则又使人为有神论,洵然。

吾人据实际而言之,一切科学之研究,在近世虽有非常进步,而于宇宙之大秘密,则非惟未能阐明,而转滋疑窦,盖于其本体之深奥,与夫形式之繁多,益见有不可思议者。在雅里士多德勒若多马之时代,不尝以世界为单纯而易知耶?及天文学物理学进步,而益增深微窈渺之观,其所计数之几万亿里,几万亿年,几万亿振动,使吾人之写象,近于无限。又自生物学者得显微镜以助进化史之研究,而于有机体及其生灭变化之理,益觉其深奥。人类之生活,昔人所信为始于神之创造而终于神之裁判者,随历史学研究之进步,而益惊其不可思议。由是观之,科学之进步,非真能明了事物之理,乃转使吾人对于宇宙之不可思议,益以惊叹而畏敬也。是故科学者,使精心研究之人,不流于傲慢,而自觉其眇眇之身,直微于尘芥，则不能不起抑损寅畏之情，奈端如是，康德亦如是。格代曰：善思者有最大幸福，在既已研究其所可思议者，而从容寅畏其所不可思议者焉。

此等寅畏之情，即为宗教之泉源。寅畏者，含抑损依赖二义，抑损者，含宇宙之无限，而自视等于蜉蝣。依赖者，悟宇宙非徒有强大之威权，而实有大生广育之能力，是谓宗教之感情所自起。而写象及概念，则为表此感情之符号，以传之他人，而结合宗教社会为鹄的者也。故宗教者，非久历国民生活之社会，无由而发生。盖宗教为社会之公业，与言语、诗歌、道德、法律同也。且由是而知概念之形式，尚非最有效力。善哉格代之言曰：吾人所以为不可思议之媒介者，曰宗教。而宗教以所由表彰奖励之美术及其必不可离之仪式为重要。盖美术及仪式之职分，在举神人关系之超乎感觉超乎概念者，而以感觉者可见者指示之也。

余以为此等感情，为吾人不可失之性质。表彰感情之形式，今后虽有变化，而其本质则必无变化。科学进步之效力，虽迭更现实之写象，而常为宗教感情留其余地。宗教者，必无灭亡之期，以其为人心最深最切之需要也。吾人遭际幸福，而欲无流于傲慢，无动于蛊惑，则当思幸福者，非我所能自造，而神实赐之。及夫际遇不幸，则当思斯世事物，质之于神，皆非有绝对之价值者。又或于吾身及世界之未来，有所怀疑，而欲不陷于迷信，则常思依赖于神，而悟世界万事，皆所以济度人类者也。苟真信仰衰退，则将有迷信代之而兴，其事非偶然焉。

抑余以为正人君子，类皆有宗教之感情。盖人类精神之发展，益进于纯粹优美之境，则其寅畏之感情，所以为宗教之基本者，亦必随之而益深。吾人苟以真挚之意处世,必有见于现实与理想,或有天渊之差,而益为之抑损。又见于人类生活之日益强大而自由,则能信善之终操胜券焉。

(四)不信仰之原因　或曰:正人君子,固亦有不信宗教者,且有持不信宗教之说者,何故?余曰:是固有之。请言其理,宗教之资性,在人本不能无强弱之差,而智力及意志发达过度者,或亦障碍其高尚自由之感情。有大算学家,闻人说诗而不怿,曰:是何所证明者,是由其日事证明之业,不涉自余兴趣,积久而自算学以外,几不知为何事矣。达尔文尝语人曰:吾感受诗歌之能力,随年而减。无论何人,苟终身注全力于科学之研究,鲜不如是。又或热中于实践问题,则其余不与此相关者,多淡漠置之。是其人虽不失为正人君子,而要不得为正则之发展,盖彼于内界生活最重要之方面,所谓最优美最高尚最自由者,不能遂其发展之度也。今之人类是者特多,盖今日之长技,如分业分科,及以机械之理证明生活状态,是皆助偏颇之发展。而多数学者,乃转以近代之特色夸之。古代希腊哲学家,中世学者,十七、十八两世纪之思想家,其观宇宙也,不类于方今学者之狭隘。凡偏嗜一事物一职业者,其发展必不免偏颇,诚不如古昔时代之生活,其一方面之动作至简,而方面特多。人类与事物,关系繁赜,以故想象则活泼,感情则丰富,而发展亦自平等也。今日分科之习,最为减杀宗教感情之助力,而尤以科学之分科为甚,在客兰因(Krain)钟乳穴中之蜥蜴,以视觉之无用,而驯致无目,是生物学公例,所谓不用之机关必消失者也。今之科学专门家,殆将类是,如治语言历史学及自然科学者,习惯于微渺之考察,而达观大局之能力,因以减损,甚者且至于消失。于是见脱略细故者，则诋为痴钝，见窥研大道者，则目为空想，抑不知客兰因穴中之蜥蜴，亦将诋有目之蜥蜴为骈枝否耶？

（五）灵魂不灭之信仰与道德之关系　人类有死后生活之想象，而遂有灵魂不灭之信仰，是古今人所共信为道德之原泉者也。其意谓人类苟无死后之生活，则道德不过空想，道德既为空想，则人之处斯世也，鲜不逞快一时，无复远虑矣。然以余所已述之见解衡之，则科学之道德，不必有此关系。盖灵魂不灭之信仰，虽大有关于生活全体之状态，而于道德哲学则不然。无论死后之生活，为有为无，其于伦理学之规则，一无变更也。道德律者，此时代此地球之人类，所以为历史生活之自然律者也。假令此世之生活不过死后生活之预备，固当循道德律以营之，其或仅有此世之生活而已，直无所谓死后之生活，则道德律之当循亦然。盖循道德律以营此世之生活，其应报即在此也，初不必别索之于死后也。

且自教育界言之，欲以死后生活之信仰，以行道德命令，殆无可希冀。盖此等信仰，方今已日渐衰退，此人人所公认，而亦不能保其复兴，此自然科学及人类学之效力也。人类学之说曰：死后生活者，各国民各有特别之形式，而皆为梦想，如北美土人及耶士克摩（Eskimo，黑人之一种，居北美及白零海峡）人之梦想渔猎，古代日尔曼人之梦想战争与宴饮，回教徒之梦想美人与乐园，要皆不满意于目前之生活，而想象其幸福于死后之世界而已。

死后生活之不过梦想也，如是，然而灵魂不灭之信仰，则不然。盖其思想与康德派哲学所谓此世生活即本体悠久生活现象之形式者相同，特藉感官以表彰之耳。

时间者何物乎？其现实自有之形式乎？果尔，则凡时间所有者,将即为现实所有之条件。或且曰,必现在所有者始为现实所有之条件。何则?非现在者必为过去或未来,过去者今已无之,未来者今尚未有,故不能不专属之于现在也。虽然,进而求之,则几无所谓现在,盖吾人所谓现在之一瞬间,固已一瞬而过去,是故现在者不占空间之一点,现在所有,不可谓即现实所有之条件。苟现实而不消灭乎,无论其为过去为未来,将无非现实。故时间所有者,非即现实所有之条件,当如康德之说,时间者非现实存在之形式,而吾人感官直觉之形式也。吾人之意识,与此直觉之形式结合,而后现为时间之经历,其本体则固永永连续者,乃作随死而灭之想,何其无谓耶?生活者决不随死而破坏,此世之生活,既为现实不灭者之一部分,则决无消灭,决无变化,如加里马尔(Karl Moor)所谓枪弹一发,则贤与愚,勇与怯,贵与贱,毫无差别也者,又何其无谓耶?死者虽能妨此世生活与未来之连续,而于生活之内容,决不能变化而破坏之,盖现实者固有永不可变化若消灭之性质也。

意者是不过抽象之见解,而无何等效力乎?是不然。使吾人不过以一瞬间现象于他人之目前而即隐,吾人能不顾所现者果为何等心象乎?吾人明知一瞬间之现象,在彼等意识中,一瞬而已忘,然吾人决不愿现以丑恶之心象。盖无数人类各以其心象生死于未来人类之意识中矣。而吾人之心象,不特印于彼等一瞬间之意识,亦不特印于后世之记忆,实即为现实永远之印象,且或不止心象,而即为吾人之本质。然则吾人又安能徇目前之佚乐,而不顾其现于现实之本质之美丑耶?

论者或曰:现实者,全无意识,而我亦无之,且我既无意识,则人亦无之,然则我之与实在,有何等关系耶?

余曰：是不然。论者果有以证明现实之必无意识乎？否则何以知实体者必不有其本质内容之绝对意识耶？将古今大哲学家所公认之见解，皆不免误谬耶？神之意识，与世人之时间意识不同，故人无从而思惟之，写象之，叙述之，然吾人遂敢谓自可思惟可写象可叙述者以外，固必无一物耶？且何人敢谓斯世之时间意识，必非永存意识之一部分，而凡具有时间之实在，必非永远实在耶？如曰不然，则论者又何以说明时间意识之发生及存在乎？

且也，意识随年而变更。少年之生活，常以未来为鹄的，其后则过去以渐而增。及其老大，则其所谓实在之概念，乃全属于过去。彼夫老大之人，追溯过去之生活，而定其价值者，何由乎？快乐乎？正直乎？基督教徒常诫人曰：凡人当无忘临死及死后之不灭，而常行其临死无悔之事，此洵确实之言，而又有大效力者也。人之将死也，无论贵贱贤愚，皆有弃掷一切快乐富贵名誉之见，而惟反省其过去行事之一时。于此时也，试自问之而自答之，凡过去之行事，使汝痛苦者何在？汝平日所受之困厄损失乎？抑汝所行不正不直之事乎？使汝慰悦者何在？衣食玩好之娱乎？抑正直之行为乎？由是观之，过去者即永远之现实矣。论者或又曰：过去者仅存于吾人之记忆中耳，虽然，安知记忆中之实在，非必非本体之实在乎？又安知一切记忆，必不为绝对记忆，而又为神之绝对意识之一部分乎？然则吾人之生活，必有与永远之现实一致者矣。

据基督教之信仰，而以哲学之术语表明之，其义亦然。基督教所谓永远之生活，非感官时间之生活，而超乎感官及时间，不由衣食成立，而由不可思议之庄严福祉成立之者也。自斯世生活之终，而本质不复有状态变化之事，盖时间之中，不能有永无变化之生活，故死后则必无时间之生活也。基督教之信仰，不惟以抽象及消极之作用，表彰永远生活之超乎感官时间而已，乃又举超绝感官时间之生活之思想，而以感官时间生活之形式写象之。其所谓天国，有黄金之衢，珍珠之门，有被白衣手棕枝而赞美神父神子之天使。其所谓地狱，则举人类所嫌恶恐怖之事物以构成之，是等皆心象也，而又不止于心象，虽脱离感官世界，而尚不免有此等执著，是信仰之特质也。信仰者，右掷而左拾之者也。一切宗教信仰，常徘徊于感官及超绝感官之间，彷徨于想像与思想之中。其所谓神，一方面为超绝时间感官，而溥博无限，悠久不变，一方面则又为有限之实化，有思想，有感情，有意志，是以言动忧喜之属皆具焉。多神教常畀诸神以人类感官之性质，至为自由，故在美学界，极美满之观，是吾人今日所以尚惊叹于希腊诸神也。自基督教兴，而始于感官世界之内部，有特别之关系，以其在思惟想像久已分离之时代，此则色诺芬派(Xenophanes)、柏弥尼德派(Parmenides)、柏拉图、雅里士多德勒之功也。然基督教尚未能笃守想像思惟分离之说，古代独断派之伪科学，尝有欲举二事而再结合为一系者。他日果有一时期焉，能洞察此等结合之徒劳，而确然为思想与心像概念与符号之别否耶？果有一时期焉，认定信仰之形式，如拉飞尔(Raffael)所绘基督母子之象，仅为功德之符号，而非完全之概念否耶？夫基督母子之象，不足以为神之本质及功德之十全概念，将遂失其价值乎？当是时也，假有伪科学者，必欲证明其象为十全之概念，则其效果如何，恐即有政府权力保护之，而亦见恶于人人，且并其像而恶之矣。

第九章　意志之自由

（一）意志自由问题之历史　余于此章所论，亦为伦理学与形而上学之关系，即意志自由之问题是也。

意志自由之语，有二义，心理学之义，及形而上学之义是也。前者之义，谓己之意志，为决意及行为所原因之能力；后者之义，则谓意志及特别之决定，无他原因也。

大抵世人所谓意志自由者，皆用心理学之义，如云自由之行为，即谓其最近原因，在行为者之意志，如云不自由之行为，则谓其原因在种种外界之势力，若直接物理之压束，及间接胁迫眩惑之事实，皆是，以其决意之原因不在意志也。然此等情形，自柔缓之影响，而至坚强之胁制，有无数级度，因而自完全自由以至完全不自由，亦有种种级度，如人之留于一室也，或于其间有所事事，或别无出行之故，或以留此而待其所希望，或以一出而将受责，或以一出而祸害随之，或以受扃锢受束缚之故，其不同也如此，可以知人之境遇，自完全自由以至不完全自由，实有无数级度矣。

以此义言之，意志之自由也，人人公认，无复疑义矣。然而在形而上学之义，则意志之自由与否，诸说纷纷，殊如聚讼。为自由说者曰：意志者，即决定最后之原因，不被规定于他原因，而亦无所谓意志之原因。盖意志者，在因果律世界阅历以外者也。其说有二：甲之说曰：人类意志，虽不能有他原因，而为在因果关联以外之动力，然循其所有之合法性质而动作，则被规定于其性质而已。如叔本华之说曰：行为者，由实在而演生。即属于此派者。然则意志者,无他原因,而即自以意志为原因也。乙之说曰:特别之行为,皆无他原因,而为无关于内外两界阅历之新原质。然则意志者,无法之动力也。

自昔论者,咸以形而上学中意志自由之义,为哲学中最难最大之问题,而余则以为不然。盖此问题,发生于一定之事机,苟其事机既亡,则此问题亦随之而消灭。事机者何?即哲学界之神学,所谓烦琐哲学者也。

希腊哲学,并不以此为固有之问题,不过有偶然之辨论而已。盖希腊哲学家,大抵以人类为自然界之一部分,因而循夫管理自然界之普通适合性,固无疑也。

自中世哲学以基督教义为基本,而此义遂为至难解释之问题。

基督教有二定点:一曰,神以其意志创造人类,故人本善也;二曰,人之性,实不免为恶也。此二点者,基督教之根本义,所以有救度之说,而又教会之所以不可不设者也。然则世界何以有恶,其由于创造者乎?曰:神,至善而全能者也,其所创造者,必善。然则恶者,必发生于世界创造以后,其由外界输入乎?曰:否。自神所创造之世界以外,无他物也。然则恶也者,必生于神所创造之物。然神所创造之物,何由能反对创造者所赋之性而为恶乎?形而上学之自由意志论,即对此难点而为解说者也。其说曰:神者,赋人类以自由之意志,俾能自择其善者,盖人类苟无自由选择之权,则将无所谓道德也。然既曰自由,则即有可以正负互见之性质,故人类亦得用其自由之意志以择恶而行之,此正当之所以能违神命而罹罪也。亚当之罪,即人类全体之罪,故恶者,不生于神而生于人者也。

是说也，果可以去基督教义之难点乎，兹姑不论。惟是造物者，果能以执意及行为之力之绝对自由者，赋于所造物乎？决意及行为，非原因于所造物之性质乎？然则创造其性质，非即创造其行为乎？论者或曰：决定者，非所造物性质之结果，而别由于外界绝对之宿命者也。是说也，尚不足以祛纯粹神学之惑，如所谓绝对之宿命者，生于神之全智全能乎？抑由于神惠之不可不徼，与夫人类行善之力自然缺陷而生乎？此葛尔文（Calvin）及路德（Luther）所以反对意志自由之说也。葛尔文据论理学及正当之宿命说以驳之，路德为自然人类无自由择善之能力说以驳之。由此观之，形而上学中意志自由之义，为是为非，迄未有定论也。

若夫近世哲学之基本于新科学者，其于此问题也，恒存而不论。盖自然界阅历之有统一性及合法性，为近世根本直觉之一，发明于十七世纪之大哲学家，而其势力日以炽盛，殆无有能抵抗之者。精神阅历之解释，亦益倾于直觉，霍布斯谓精神之阅历，运动耳。在形而上学，不能有意志之自由，犹之运动及物质，不能自虚无而发生也。至于在心理学之义，则意志之自由，无待言也。彼又尝简言之曰：有行为之执意，是谓自由，然不能有执意之执意也，足以断此问题矣。

斯宾那莎之哲学，不容有孤立而现实之原质者也，则以精神为精神自动机。来比尼都及伏尔弗，务区别算学之必然性及物理学之必然性，以避定道论之非难，皆徒劳而已。康德及叔本华，虽唱睿知自由之说，而于经验世界，不能不认为受因果律之制限。夫精神世界与物理世界同，不能不受精神界自然律之制限，其有偶然若不合者，以其至复杂而难知耳。在物理世界，气象学及生理学之阅历,亦多有不能预测而决算者。使吾人于精神阅历界,有一时事物同时观察之悟性,则夫视人类之行为,殆若星辰之运动矣。今之生理学家,业以一切精神阅历,皆规定于因果律之假定说,为其根本直觉,盖谓精神阅历,不过随于脑及神经系统中生理学阅历之现象。而生理学阅历,即物理学阅历之一种,常被规定于因果律,然则随之之精神现象,亦必受因果律之规定矣。所谓同一性质构造之有机体,其受同等刺戟之时,必有同式之反动者,其说果确,则谓有同一性质,及有同一性癖气禀经验写象之精神,受同等刺戟之时,亦必有同式之反动者,其说亦必确矣。而且身体性质之遗传,既受规定于因果律,则精神之性质,亦必同之焉。

(二)以事实评意志自由问题 形而上学中意志之果否自由,苟以事实证之,则意志也,行为之性质之发展也,自有规定之者。如人类意志有一定之性质,而又值一定之机会,受一定之刺戟,则其任意之行为,前后相同,此人人所稔知也。

吾今更举人人所不能反对之事实以为证。夫人与人之意志,何由而现于世界乎?以吾人所见,人类生活之始,即在时间之中。其始也,无原因乎?抑其原因可以自由选择乎?是皆不然。盖人者,父母之所生,与禽兽同也,身体精神,皆肖其父母,其气质,性癖、感情、智力,皆为父母所遗传,而其所属国民体魄精神之习惯,又从而濡染之,未有能自定者,且如人类男女之异体,其原因虽未之详,而决非人所能自主,然则人类不能脱自然律之管辖,固已明矣。

人之资性,受外界各方面事物之影响而开展,其事虽亦有出于自然者,而以出于人为者为多,幼稚之时,受家庭教育,皆取诸国民之生活形式，是故其言语，则国民之言语也，其概念判断，则国民之概念判断也。其后又陶铸于国民之风俗习惯，教育于学校，熏陶于宗教，及其长也，又受社会之感化，而终身不能脱此等势力之范围，果安所得自由选择之余地耶？人人由其门第，生而为某级之人，则终身不能去之。而社会之所以影响之者，曾无已时。社会者，常以言语行为，示人以邪正敬肆可否之分，常以一定之职分命令之，或要求之，曾有何人能不为时代所指使耶？建筑家之所营，非其所欲，而时代之所欲，如第十四世纪，行峨特式，及第十六世纪，行文艺复古时代之式，及第十八世纪，而行科学式，是也。学者亦然，其于科学问题也，非自择，而为时代之所择，于第十四世纪，研究实体及属性之抽象论，及第十六世纪，模仿费尔基（Virgil）拉丁文诸作，及第十八世纪，竞为数学、物理学之研究，若攻辟迷信之论，今则竞研究希腊文豪历史之湮灭者及有史以前之遗物焉。

然则各人之资性及发展，及位置职分，皆自其父母，若教育者，若国民，若时代，若一切外界之事变，规定之。人者，社会之产物也，人之于社会，犹枝叶之于草木，未有能以一己之意志，规定其形体若机能者。人之现于斯世也，为国民中之一人，而行动于世界，其生活及国民之生活，俱埋蕴于人类之历史社会中，而终以全世界之阅历为之归宿焉。

论者或曰：吾人之意识，未尝知有若是之制限者也。凡人皆有一种确实之感情，谓不能直接受外界之束缚，而惟吾意所欲为，又皆有一种确实之意识，谓能循己意以构造未来之生活。余时时得辍余之业务，而从事于其他，余又得移居于彼得堡、若伦敦、若亚美利加，此皆循余之所欲，而无不可，然则余之能自变其生活之内容也甚明。故余之意识,确以为吾人之处世,吾人之动作,吾人之性格,皆可以自由变更,而且恐有不能不变更者也,岂此等意识皆为谬妄乎?

余曰:否。吾人之意识,非有所谬妄也。彼所以告吾人者,谓吾人之希望,若情癖、若商度判决,皆为规定吾人生活内容及形式之重要原质而已。彼盖告吾人曰:余非如机械之轮轴,受外力而动,而实动于内界意志之媒介云尔。凡有机体与无机体之区别,在前者之构成,由外部机械之作用,而后者之构成,由内界原理之动力,如雕刻品,可以锥凿成之,而于有机体,则凡器械之作用,仅能破坏之,而不能构造之。故人类者,不成于外界之机械,而成于内界之作用。吾人意识之所以告吾人者如是而已,初不谓一切特别之阅历,皆无因而生;又不谓生涯中一瞬间经历各事,皆与一切已往之事无关;又不谓内界之原理,即所谓小己者,全无原因;又不谓小己者,由孤立之原质而发见于斯世也。盖吾人之身体,本由物质演成,惟既已发育为有机体,则当其发展之初期,虽大受物质之影响,而及其进化之程度渐高,则渐能抵抗物质之势力,遂能由其意志而变更外界密切关系之事状,且能间接自变其形体也。由是观之,吾人意志之所告,曷尝与前论相矛盾乎?

(三)论对于行为之责任　论者或曰:然则所谓责任者安在乎?人类之所由成者,神也,自然也,人类行为之恶,其罪亦当归之于神及自然,在人类又何所谓责任耶?且也,其资性与意向,其父母与朋友,均非己所能选,而悉由于外界势力之所酿成,在人类又何所谓责任耶?

答曰:是说也,前是而后非。盖使人类果出于神若自然之所创造，则人类之善恶，神若自然诚不能免其责任。家族中世生不良之子孙者，不免为不良之家族；国民中常有不良之民人者，不免为不良之国民；世界中苟常为不良之人类；则亦不免为不良之世界。吾人若假定某某为世界之创造者，则因不良之世界，而斥为不良之造物，亦固其所。美善之人生，苟足以为神之名誉，则丑恶之人生，自不得不为神之尤诟也。

彼谓世界有恶，则不得有至善之神者，其说亦持之有故。中世哲学家，乃欲以恶起于人类意志之说破之，诚不能有效。欲破其说，则必谓善待恶而始存，故恶为善所必需，如吾前者所论而后可也。

恶之原因，苟在神若自然，则神若自然之当任其责，固已。然吾人对于恶人之感情，若判断，若动作，初不以是而有变更也。夫恶因固不能生善人，然吾人亦不能以恶人之别有恶因，而遂谓之无罪。评人物之价值者，视其人物如何，初不必问其何由而致此。即吾人对于人物之动作，亦然。如人于果实不良之木，恒伐而为薪，初不以其对于不良之果实而负责任也。人于家畜之不良者，剿绝其种，初不因其以自由意志而为恶也。其间虽亦有变例，如木在硗确之地，家畜受粗恶之豢养，其不良之因，不在其资性，而在别有不利发展之条件，则变更其条件，而已足以改良，而要之资性不良者，吾人固未有不排斥之者矣。

吾人对于人类之感情亦然。恶人不能以其家族之世有恶德，而免于谴责，即彼亦不能不自认为罪戾也。使有人于此，曰：吾之为恶，由吾祖先遗传，有错乱之性欲，而歉于道德之品性也。吾人决不以是而减其谴责之感情。又使有人于此曰：吾之身家，本非卑陋,徒以值某某机会,遇某某损友之诱惑,而吾之自主力太弱,遂随之而堕于恶行也。吾人将深闵其遭遇之不幸,而图为之济拔矣。

是故责任有二:一各人对其生活之责任,二积人而成之社会,如家族、党会、国民、人类,有对于各人生活之责任。以上文所述之事实征之,各人生活之善恶,固足以定其所属社会之价值,而各人仍不能免其责。且也,社会之价值,既由各人之价值而定,则凡对于社会之感情及判断,俱以各人为中心点焉。

抑余常有疑焉,责任问题,何以起于恶行,而不起于善行乎?将吾人之对于善行也,不必问其何由发生?而已足定其价值乎?抑吾人好善之情,不及恶恶之激烈乎?

法律者,以道德为基本者也,故法律界之责任,与道德界之责任同。其所关于选择自由者,初不问形而上学之意义,而惟征之于实际,故法律之所谓罪人,初不问其由遗传若教育而有此性癖,或由其绝对意志之所规定也。惟有二三学者,过重形而上学中意志自由之义,或又眩于统计表所揭之数而不胜其迷惑,则从而为之说曰:社会者,果有罚各人之权利乎?实则受罚者当在社会,试稽伪誓杀人及坏乱风俗之罪案,往往有一定时期,循一定规则,与自然现象无异。然则罪恶者,正社会中必有之现象,而所谓罪人者,不过牺牲其身以充社会中罪恶统计表之资料而已。

答之曰:各人之罪,社会与有罪焉,而又不可以不受罚,论者之言诚然。盖社会者,贻罪人以犯罪之性癖,而又与以诱惑之机会者也。虽然,社会不已受罚耶?各人之犯罪,非即社会之罚耶?犯罪者与因其犯罪而受累者,皆社会之一分子也。且社会又因其罪而招恐怖不安之状态,是非社会所受第二罚耶?且也,罪人所受之罚，亦即社会所受之罚，盖罪人之困苦，即社会中一人之困苦也，是非社会所受之第三罚耶？最后，则社会全体，受其所执行之罚，如糜巨款以设监狱，供罪人衣食，又非其对于国家之罚耶？然则社会之受罚，固已重矣，何惑之有？

由社会全体观之，刑罚者，为社会治疗一切病害之方术也，社会欲脱于病害，而受此苦痛之疗治也，固宜。

刑罚之于罪人，为治疗之术，所不容疑。盖使彼知其动作之初，所预期之鹄的，必不能以恶行达之，而非正则之行为，必不足以招幸福也。是故监狱者，道德之病之医院也。其病有可愈者，有不可治者，与普通医院无异。且设监狱而置罪人于其中，亦犹患传染病者，必别置诸病院，而隔绝交通，以免病毒之传播焉。死罪者，对于罪人之恶意，而施最后之治疗也。使彼得延其生命，则亦徒增罪恶，而毫无裨益耳。且亦使道德之病之不可疗者，毋播其病毒于四方焉。

在现实之世界，此等事实，确不容疑。道德界及法律界，既已以心理学之意志自由为前提，则凡人类之意志，已现于行为者，必对之而有责任，而此意志之所由起，非所问也。若乃行为不本于意志，则无所谓责任，如病狂者，精神错乱，不能如常人之有执意、有判决者，是也。而常人之感情过激者，亦多类之。当其时，为感情所驱迫，不遑顾虑，则其行为非发于其固有之意志，故虽或罹罪，司法者亦稍从末减焉，然不得全为无罪。盖其被迫于感情而不能自制也，由其意志之薄弱，治意志薄弱之疾，莫论罚若也。至若过失之出于不得已，而无关于其责任者，不以罪论，彼既无罪恶之意志，则虽其行为误陷于罪戾，而其意志之健康，固无待乎救药矣。

论者或眩于精神物理学之思想，而为之说曰：一切罪恶，皆由于精神错乱，与病狂者等耳。吾人既以狂人为精神病，则凡一切不正之行为，亦当谓之精神病，若偷盗者，若纵火者。以科学之法检察其冲动，实为精神错乱之故，是即精神病之本于遗传或后天者也。凡有是等冲动者，当以病者视之。余答之曰：有偷盗若纵火之冲动者，视为精神状态之失其常度，则凡少年男女之放荡者，亦得以此视之。然其结论如何乎？凡医师疗疾，必以经验之良方，使一切精神病，皆得以卫生治疾之方术疗之，而所谓有偷盗纵火之冲动者亦然，则吾等诚愿举是等精神病者，而悉付诸医师之手矣。而彼乃不能，则吾等别用经验之方术以疗之，固非彼所能阻。夫对于无赖之青年，为确有经验之方术者，抑制之而已。对于纵火偷盗之冲动，吾人亦有习用之方术，虽未能奏十全之效，而亦时得其防遏之力，则监狱是已。使医生果能发明一种治疗之术，较之监狱，尤为确实，尤为单纯，条件尤简，糜费尤少，则吾人固将舍习用之方术而从之。或曰：然则汝何故不行是术于狂人乎？狂人获罪，何以不控诉之与监禁之乎？曰：使对于狂人而控诉之监禁之，其效大于医药，则舍彼而取此，所不待言，然吾人公认控诉监禁，不足为疗狂之术也，且使狂人而有自害或害人之动作，则亦何尝不拘禁之乎？

若乃以罪恶之冲动为疾病，而欲放任之，且亦不为之救药，则诚吾人所大惑不解者。吾人之于疾病，常取种种方术，不亦有资于燃烧截切之作用者乎？

（四）人类自由之定义　然则人类本无所谓自由之意志乎？普通用语所谓意志自由者，意盖谓人类本质，有现实及积极之特质，与动物之有意志而无自由之意志者有别也，如是，则人禽之别何在耶?

动物之动作,皆被规定于目前之冲动,若感情,若感觉,其见食物而捕之,遇猎师而避之,皆为一时之冲动感情感觉所驱使,初未有思虑,若疑惑,若决断也。思虑、疑惑、决断三者,至动物进化为人类,而始能之。

思虑、疑惑、决断,人类之特质也。人类之行为,定于决断,而决断者,思虑之果也。人之思虑也,常择其能行之事,而又为适合于一己及社会生活究竟之正鹄者,故人类之所以自规定者,不由冲动若感情,而由其正鹄之思想也。于其正鹄思想中,含有生活及动力之全体,乃由此全体观念,而决定特别之动作。故动物之生活,各各分裂,不过互相关联而已。而人类之生活,则特别之行为,无不被规定于统一之观念也。在实践界所谓自我观念之统一,即良心,常举精神界之生活,如感情,如黾勉,如思想,如行为,而一切规定之,而其观念中所具规定一切特别动作之能力,即吾人所谓自由意志也。是故自由行动云者,谓其行为之所由规定,在正鹄及理想,在义务及良心,而不在一时之刺戟若欲望而已。

余于是更推极而言之,则所谓人类意志,不免为自然律所管辖者,自一种意义言之,自不失为正论矣。

彼夫动物者,自然界阅历之辙迹也。其于自然界,尚为被动于外界刺戟之部分,进化而至人类,则稍稍能轶出自然之势力范围,而位乎其上,于是能规定自然而利用之,而不为自然所规定,是则所谓人格也。人类所以能自主于一切行为之顷者,以此。其对于行为而有责任也,亦以此。

论至此,则知本此义而认为自由之意志者,非人类本质所固有,而得之于练习,固甚明矣。夫意志之自由,在人类历史中,既由练习而得,而其在各人之一生也亦然。人之初生,初未有自由之意志也,其受驱使于一时之欲望,与动物同。及其既受教育,则理性之意志,始能发展其抑止动物冲动之能力。惟人类是等能力发展之程度,至为不齐。其全为动物冲动所左右,而不能抑止之者,为粗暴鄙野之人;其或全无此等冲动者,则又为枯寂酷薄之人,皆非中正之道。盖人类者,位于动物之实体及理性之实体之间者也。

然则人类果能如其意志以成己乎?是问也,然之可,否之亦可。其所以为然者,盖人人有自教自助之能力,故于一己之生活,无论其为外界者,为内界者,皆得以有意识之作用,循其所抱之理想而构成之,而于其自然之冲动,常能压服之而整理之,惟其事非能恃单纯希望若决意之力,必其省察涵养,积久而不息,而后能之,与体育无异也。如人有不能安睡之习,欲本其一时之意志以矫之,势必无效,苟能卫生合法,运动以时,则其习自去。达摩士的尼(Demosthenes),希腊人之以雄辨名者也,相传其始甚讷于口,然立志为演说家,刻苦砥砺,卒达其志,而垂大名于宇宙。吾人欲训练内界之性质,亦不外是道也。如人有易怒之癖者,自知其非,而欲抑制之,非必能猝然而效也。宜资于适当之预防法以渐去之,如屡避发怒之机会,则积久而怒癖渐去,此即生物机关由闲散而消失之理也。其或必不能避,则时时举妄怒之所以为凶德,克己之所以为美德,而反复寻绎之,毋使遗忘,则怒癖亦渐消焉。由是观之,人类之能本其意志以化其本质也无疑。盖人类于其强盛之冲动,能避其发动而扑灭之,于其微弱之冲动,则又能为之助长而发达之也。谚曰:习惯者,第二之天性,谅哉。

虽然，又得谓人类不能循其意志以自成，何欤？曰：此谓成人之原理，为人类所固有，而不受意志之管理者，即最深之意志也。人类不能以其意志自规定其意志，如身入瓮中，而不能运瓮然。其所能规定者，惟生活历史中之经验性格而已，故叔本华谓人类不能自变其本性，良然。如不知暴怒怯懦谲诈之有害者，本无矫正之之意志，则决不能自变其性格，而为温厚刚毅正直，是也。惟叔本华之意，谓一切意志之性质及动作，未有能变化者，则不得不谓之谬见，盖其说不特违于真理，而且阻人节性之功也。余则曰：凡人自知其性格之不善而欲变之者，皆可变也，惟不能徒恃希望，而必择其足以达此鹄的之作用而行之，否则将终不能变之矣。

据往昔附属于实践哲学之心理学，以说明此义，至为利便，如柏拉图区别精神为理想、意志及动物欲望三部，由此部别，而于自由意志为实践之解释，乃单纯而有效矣。盖理性者，人类本始自由之小己，入世以后，结合于动物之冲动及感情，而以指导训练此二者，使服从于己及己之正鹄为天职，高尚之勇敢，正当之愤怒，好名之心，皆所以助理性而训练感官之欲望者也。在实践道德，务使理性能尽其职分，而勿忘其价值，若感官欲望之恣肆，则最可耻者也。若斯宾那莎，若伏尔弗，若康德，其于道德哲学，所谓道德界之效果，皆然。斯宾那莎言理性与感动相反对，伏尔弗言高等欲望力与下等欲望力相反对，康德言实体之人类与现象之人类，实践之理性与感官之利己性，互相反对，皆以为人之自由，在能以精灵管辖动物之欲情，其不自由，则由其以动物之欲情管辖精灵焉。

此自由意志之积极义也，而道德哲学，当说明自由意志之时，必不能据二三形而上学者之狂想，如所谓各人之意志及执意本无原因焉者,以易此至确而有效之概念。盖自由意志者,从通例解之,则谓人类有一种能力,能以其良心及理性,规定感官之冲动及性癖,使从于正鹄及规则而生活也。而人类既有此能力,则能由是而构成其本质,固无可疑者矣。

西洋伦理学家小传

(一) **雅里士多德勒**(Aristotles)　以西历纪元前三百八十四年,生于希腊殖民地加尔西底客(Chalkidiki)半岛之答拉西(Stagira)市,前三百二十二年,殁于欧盘亚(Euböa)岛之加尔基斯(Chalcis)市。柏拉图之弟子也,在希腊哲学家中,最为博学,尝采德谟颉利图(Democritus)主义,以补其师柏拉图之说。而立详实之进化论。其于伦理学,取幸福主义,著述极多,不及枚举,*Nikomachische Ethik* 者,其伦理学主要之作也。

(二) **奥古斯底奴斯**(Aurelius Augustinus)　生于西历三百五十四年,殁于四百三十年,基督教中宗教哲学之大家也,著有 *De Civitate Dei* 及 *Confessiones*。

(三) **培根**(Francis Bacon)　以千五百六十一年,生于伦敦,殁于千六百二十六年。与特嘉尔共排击中世之烦琐哲学,而为近世哲学之先导,所著 *Novum organum scientiarum*,排雅里士多德勒之论理学,为当时学界所惊服。近世经验学派,以培氏为鼻祖焉。

(四) **边沁**(Bentham)　功利论派之伦理学家也,生于千七百四十八年,殁于千八百三十二年。

(五) **孔德**(Auguste Comte)　近世法国之大哲学家也,以千七百九十八年,生于法之蒙德邦(Montpillier),千八百五十七年,殁于巴黎。所著 *Cours de philosophie positive*,为社会学之鼻祖。

(六) **达尔文**(Charles Darwin)　进化论之大家也,所著

Origin of Species 及 *Descent of Man*，为破天荒之杰作，英国足以夸于天下者也。

（七）**耶必克丢**(Epiktetus)　斯多葛派之哲学家也。

（八）**伊壁鸠鲁**(Epikuros)　生于纪元前三百四十二年，殁于前二百七十年，反对斯多噶派之克己主义，而唱快乐主义，自成一家，然其学派甚不振，所著书亦不传焉。

（九）**菲耐尔**(Gustav Theodor Fechner)　精神物理学之创立者也，其伦理学之著述有 *Über das höchste Gut*。

（十）**黑智儿**(Georg Wilhelm Friedrich Hegel)　以千七百七十年，生于斯都德瓦尔(Stuttgart)，千八百三十年，殁于柏林。承菲希的及西林之后，而立绝对观念论，尝执德国哲学界之牛耳焉。

（十一）**额拉吉利图**(Herakleitos)　希腊哲学家，折衷于密理图(Miletos)派之宇宙论，及埃黎亚(Elea)派之本体论，而唱万物循环论，黑智儿之哲学，盖源于此云。

（十二）**海尔巴脱**(Johann Friedrich Herbart)　生于千七百七十六年，殁于千八百四十一年。承康德派，而组织实体论，为实验心理学及近世教育学之鼻祖。

（十三）**霍布斯**(Thomas Hobbes)　英国之政治学者，著 *Leviathan*，生于千五百八十八年，殁于千六百七十九年。

（十四）**呵弗丁**(Hoeffding)　今世实验心理学之大家也。其于伦理学，著有 *Ethik*。

（十五）**谦谟**(David Hume)　以千七百十一年，生于壹丁堡

(Edinburgh),殁于千七百七十六年,为近世怀疑论之代表,著有 *Essays* 五卷。

(十六) 康德(Immanuel Kant) 德国之大哲学家也,千七百二十四年,生于哥宁斯堡(Königsberg),殁于千八百四年。熔合大陆之合理论派,及英国之经验学派,而组为批判哲学。其于伦理学,著有 *Grundlegung zur Metaphysik der Sitten*,及 *Kritik der praktischen Vernunft*,及 *Metaphysik der Sitten*。

(十七) 拉比尼都(Gottfried Wilhelm Leibniz) 以千六百四十六年,生于来比锡(Leipzig),殁于千七百十六年,祖述特嘉尔及斯宾那莎之合理论,而唱元子论。博学强记,世称为雅里士多德勒以后之第一人云。

(十八) 罗底(Rudolf Hermann Lotze) 近世德国之大哲学家也,始治医学,而后治哲学,其所著 *Mikrokosmus*,风行世界。

(十九) 马古奥力流(Marcus Aurelius) 罗马帝也,治斯多噶派哲学。

(二十) 穆勒(John Stuart Mill) 与其父皆为英国功利派之伦理学者,而尤以论理学名。

(二十一) 李端(Isaac Newton) 近世物理学大家也,生于千六百四十二年,殁于千七百二十七年。

(二十二) 尼采(Friedrich Nietzsche) 德国近世之大家也,文词之高尚,为哲学家所稀见,而其所持之主义,学者多非难之。

(二十三) 巴弥匿智(Parmenides) 纪元前五世纪顷希腊之哲学家也,为埃黎亚派之代表。

(二十四) 修拉玛希(Friedrich Daniel Ernst Schleiermacher) 以千七百六十八年,生于德国之北勒斯劳(Breslau),千八百三十四年,殁于柏林,新教中第一神学家也。

(二十五) 叔本华(Arthur Schopenhauer) 近世德国之宿学也,以千七百八十八年,生于但泽(Danzig),千八百六十年,殁于马茵河滨之佛朗渡(Frankfurt am Main),力攻非希的西林、黑智儿诸家之哲学,而祖述康德,唱先天观念论,一时欧洲之哲学界,为之震撼焉。其于伦理学,著有 *Über die Freiheit des Menschenlichen Willens* 及 *Über das Fundament der Moral*。

(二十六) 索匪脱布利(Shaftesbury) 英国之道德哲学家也,生于千六百七十一年,殁于千七百十三年,著有 *Characteristics of Men, Manners, Opinions, Times*。

(二十七) 施的维(Sidgwick) 今世英国之著名伦理学者,著有 *Methode of Ethics*。

(二十八) 苏格拉底(Sokrates) 希腊之大哲人也,生于纪元前四百六十九年,力辟诡辩派之有害于名教,又为守旧派所忌,卒饮鸩而殁,时前三百九十九年也。苏氏虽不遇而逝,而其事业赫然,照耀青史,其哲学思潮之流演,迄今而未沫也。

(二十九) 斯宾塞尔(Herbert Spencer) 英国近日之大家,著综合哲学,实验学派之健将,而集进化论之大成者也。著书甚多,其属于伦理学者,曰 Data of Ethics。

(三十) 斯宾那莎(Baruch Spinoza) 以千六百三十二年,生于亚摩斯德尔登(Amsterdam),殁于千六百七十七年。属于合理论派，矫正来比尼都之二元论，而唱一元论，著有 *Ethics*。

（三十一）**多马**（Thomas von Aquinas） 烦琐哲学之集大成者也，生于千二百二十五年，殁于千二百七十四年。著有 *Summa philosophica seu de veritate catholicae fidei contra gentiles*。

（三十二）**福禄特尔**（Voltaire） 近世法国学者也，生于千六百九十四年，殁于千七百七十八年，以攻击基督教之腐败为一生事业。

（三十三）**色诺芬**（Xenophanes） 埃黎亚派之鼻祖也，生于纪元前六世纪之末，九十余岁而殁。对于密利图派之宇宙开辟论，而唱本体论。

德意志大学之特色

〔德〕巴留岑　著

此篇为故伯林大学教授、博士巴留岑所著《德意志大学》总论。博士在德国学界重名，是篇又为名著，颇足供参考。

欧洲近代，大学勃兴，其数多不可计。然可约之为三种：即别各国大学为英国风、法国风、德意志风三者是也。英国风之大学，恶斯佛、坎孛里治两校，为年至久，有尊严之历史，足为大学之代表。夫欧洲列国之中，保守性质，惟英为最，古来之习惯，坚率而不变，中世纪之大学，保存惟谨者，英国而外，殆无其侣。历时既久，此风骎渐染于新世界之美国。今两国大学，皆为自治之团体。其内部之管理，国家初不干涉。其经费亦不仰给于国家，由基本财产所生利息，与笃志者时时捐金以维持之。即此一端，自治体之完全，盖丝毫无所缺损。今校中所行之制度习惯，犹酷似中世纪物，教授学生，莫不起居于本校宿舍之中，授业情形，亦与古大学无异，所微别者，其主要科目不同而已。大学教育之主目的，在造成绅士必需之资格，而与以深邃之教养。彼科学之研究，职业之训练，实在大学正当权限以外。其科目为语学、历史、数学、博物学及哲学，皆为普通教养所取资者。其教授法，多为学者风，亦有强半全为私塾状况者。英国崇尚神学，与各科同视。近年又以法学为法廷实地应用之端，必须在大学先事熟习，故科目中又添法学。医学则大学至今未设此科，皆在著名之病院内学习为常。

法国风之大学，视英国固不同，即与本国各校，亦大有差异。法国古代之制度文物，以革命故，一扫空之。大学之旧组织，亦于革命时破坏殆尽，而以新制之大学代之。惟改造之新纪元，始于拿坡仑帝政时代，新建各种专门学校，如法学医学之属，废一大学中并置各科之旧习。除有法兰西大学 Universite de France 名称以外,旧时大学,悉归消灭。法兰西大学云者,其中所包至广,自初等学校以至最高之专门学校,无不罗而该之,实综揽国民教育全般之组织。故法基游台(疑为专门学校之名)对于一定职业,而授以专门之训练,教员亦为政府之官吏,掌文官试验。而于研究科学及普通之理论教育,不以为其职任之一部。前者为中学校之特别职务,后者为预备学校之主要职务。而法基游台以一定之权能,再与大学联合,至第三次共和政体之时,政府始注意理论的学科,然卒不能联合法基游台,而成一完备之大学焉。

德意志及风化差同之各国(奥大利、瑞士、比利时、丹麦、俄罗斯),特有德意志风之大学。自其表面观之,似立于英国风与法国风之间,以其视法之大学,较带旧时之性质,视英之大学,较备近世之需要故也。德国大学,由政府设立维持,而亦由政府监督之,与法国同。惟旧时团体之性质,尚有存者,故其自治力,亦未尽泯,全校职员之选举,属于其权限之内,故学长及评议员部长等,皆自行选举,于教授之任免,尤有非常之势力,授与博士之学位,选任无俸之教授,亦由大学决定,政府又付以选任各种讲师之权。故德国大学,于普通之组织,独能保存最初之形式焉。

德国大学,又为研究科学之实验场。而一方且为教授普通及专门知识高等学科之黉舍,此为德国大学之特质,与英法两国大学全异。其于技艺及科学之教育,程度既深且博,属于哲学部之范围,此与英之大学同。又授学者以职业所需之专门教育,更养成僧侣、法官、行政部高等官、医师及高等学校教授之属,此又为类似法国之处。故德国大学,不特为科学研究之场,且为奖励之所,以德人视之，奉职于大学者为教师，又为研究科学之人，而研究科学之人，同时又为有大学程度青年之师，其重视科学之研究盖如此。故大学教育，以科学的教育为主，实为事理所必至。盖其目的，非职业上实地之训练，而在授以科学的知识与科学的研究之径途也。

故德国大学之特色，能使研究教授，融合而一。恶斯佛及坎孛里治所造就者，多为可畏可敬之大学问家，然无问何人，初不谓英国大学，足代表一国学问之事业。英国著名之学者，如达尔文、斯宾塞、格罗德、穆勒父子、墨哥利、格奔、边沁、黎喀多诸人，皆不出于大学，即谓如此博通之大家，非英国大学所能范而铸之，亦非过言。德国大学之学者，亦非终年为大学学生之教师，彼等于一学年间，不过讲演二三次，每次延续至十数而已。其本分之教练，主由特待校友，及助教授行之。法国亦然，研究最力之人，及负盛名之学者，皆属于中学校，并兼专门学校及東尔朋之教员，为公开之讲演，人人有听讲之特权，其不为大学学生实际之教师，而每日授课，与德国大学教授同。至于偏僻各地，虽各专门学校教授，而不得谓为研究独立之学问者，盖亦数见不鲜矣。

德国凡大学教授，为真研究学问者，为大学问家，而此真研究学问者，与大学问家，无一不在大学为教师。彼弗布得二校，亦有不为大学教授之大学问家，又为文科中学校之教师者，非无学识绝特之人。故自他方面言之，大学教授，即无学者重要之效绩，仅一良教师之资格，已无不足，然此特其例外。至于通则，则为教授者，必当为大学问家，故德国习尚，指一学者姓名，必询其人居何处大学讲座，苟无此位，人自不加礼貌，果为大学教授矣，则又必详询其著述，贡献于学界之绩之丰啬焉。

如此事状,虽似细微,而实关系于德国学界甚大。大学教授之事实,所以定国民他日地位势力之左券。德国之为思想家为研究家者,非特著书以饷其国民而已,必与人人觌对而躬亲授教,如非希的、黑智尔、西林格、什赖玛希辈,皆为大学教授,教化及于并世之人。然其著述,初无感化之伟力,盖大半由门弟子笔而录之,或编纂其遗稿,故其出版之期,恒在身后。世界大哲学家,如康德、如欧夫,亦皆为大学教授。负盛名之博言学家,如哈尼尔玛、如赫尔曼、如薄克,亦皆为大学教授。其感化之溥,不由著述,而由于躬为教师,身自讲授,而其若干之高第弟子,亦为最高学校之教师,以其师之精神知识,灌输于其国之青年,懿欤盛矣。此外历史学家,如兰该、惠都,博物学家、数学家,如高斯、克辟希、罕仑霍尔、基尔霍夫、威尔特刺。德国学术史中,除大学教授以外,所余之地复几何,此学者之所公认矣。犹不止此,如乌兰、留凯特、布格尔、歇尔勒、格来特、哈尔雷等,盛名烜赫之诗人,莫不厕身于大学教授,而德国因法律政治之发达,影响于大学教授者,亦为至宏,如溥芬道富、多玛卢斯、萨味纳、斐尔巴哈、聂布尔、多赉乞克等,为大学教授,于德之法律政治,皆有绝大之关系。而路得、米兰登,扩展德意志之国运者,亦悉为大学教授。即是以论,大学教授之为功,夫岂浅鲜哉。

然则德国之青年,日于大学亲炙国民之先觉者,为各方面知识之指导,其印象之深,果复如何,读先后辈出之伟人传记,其在大学时代,盖为至极重要之时代,大学教授之感化往往定个人处世之趋向,讲堂之上与学生晤对交换思想,彼以一种不可言传之刺激鼓舞,夫岂闭户潜修之学者所能梦想及之。

然而利之所在,即弊之所伏。德国大学之组织,其国民固夙白矜诩，然天下事又安能万全无缺。大学教育之万能，方歌颂盈路，而其结果，容有使教授渐摩以成学究之势，又或结为朋党，以轻侮大学以外之人。人至诋大学教授等为镀金学者，试读大学外崛起之一代大儒，旭奔海及突林二人之著述，则两方之水火，可度而知。德国学者，在大学外求其学问之成，较诸英法，艰苦惟倍，故苟欲令学者之事业，克告成功，不惟需无党无偏之识解，又当有最可信赖之评断，足令人奉为标准者，此其关系颇大矣。大学教育偏重之弊，即以职业之训练而言，亦微为缺憾。盖独注其眼界于研究之方面，而于职业之训练，不得不略。盖自然之数，今日方谋补救之策焉。

然而德意志国民，初不以是为虑，德人学问之精邃，求诸他国，盖无其俦，溯其原因，则学界之伟人硕士，常于其国青年授以直接之教育，大学之势力永不失坠之故。亦以凡足为一国之指导者，大学皆有罗而致之之能力，故大学能团结国民之精神，而维持其地位焉。

十九世纪之前半，大学所以得占有力之地位者，盖当时德意志国民，除学术文艺以外，无为国民生活中心之事业。世界政治舞台之上，不能阔步，商业界中，不能横行，而又无竞争于世界市场之能力，势不得不注全力于内部。当时俚谚有曰：“意大利者，法皇之国。德意志者，帝王之国。而法兰西者，则学问之国也。”迨十数年前，事状大变，德国国民，久在欧洲政治界为受动之客体者，今乃一变而为活动之主体。大学以外，有巩固国本之基础，新兴之德意志，旧时大学，不复能为国民生命之中心，才智卓荦之士，大学以外，别有议会、商业界、殖民事业之各种方面，得展其骥足。多年郁勃之精神,至是得随势力利益,而辟一活动企业之新天地焉。

然而大学之情形,固不随国势为转移,而伟大之势力,依然不变。今且为维持德意志联邦统一之重要机体,能使各联邦国民联合益巩固,感情益锐敏。而大学亦自力保其为学海重镇之名誉。据其永久之惯习,爱真理,重职责,致力于学问,摆脱世俗利害得失之观念,世界各国,莫不尊之重之。有为之士,潜心学问之青年,由各国担簦负笈而来者,与曩时德人之游学巴黎意大利同。欧洲各国大学,今且多仿德国大学之学制。法国仿德国大学,而改专门学部之组织。英国亦欲联合各种独立专门学校而为一大学。而美国著名之大学数处,力行统一主义。成效最著,在德国大学得有学位者,亦以美国学者为最多。是盖由新兴之美国,与新兴之德意志联邦,感情融合之故欤。美国驻德公使安特留豁脱(亦学于德国大学者)尝曰:"德国闻誉,洋溢于美国者,其原因全出于德意志大学,在美国人视之,以德国为第二母国也。"

撒克逊小学(国民学校)制度

千八百七十三年以国王之诏令宣布之

第一章　普通规则

（一）国民学校之旨趣，在使儿童由教授若练习若训练之效果，而于道德教育、宗教教育之根本及公民必需之知识及能力，皆确有之。

（二）其确定之教科，为宗教及道德学，德意志语及诵读习字，数学、形学、历史、地理、自然史、（博物）及自然学（理化）、唱歌、图绘、体操及酌设之女工。

附则　烹饪及家政学，于法令中未为确定之教科，以其仅为第一级之全体女生设。且视为一地方之特别校章也。见千九百八年最高学务处公牍。

千八百九十八年，文部所颁规则，图绘一科，各国民学校皆当编入课程表中。

千九百五年八月二十五日部定规则，体操科中附有游戏式。

千八百七十七年部定规则，女子手工科至迟自第五学年始。

（三）国民学校之类别如左：

（甲）简易国民学校，中等国民学校，高等国民学校。

（乙）进级学校。Fortbildungsschule（仅于日曜日或晚间教授之）其他孤儿院、保育所及鲁钝学校之有教科者，皆视简易国民学校。

(四)(甲)凡儿童,皆当就学于本区之简易国民学校。凡八年,自盈六岁至盈十四岁,其后或受教育于家庭,或出就外傅,惟其父母或抚育人之自由。

(乙)若甲地方之儿童,欲就学于乙地方之国民学校,则以简易国民学校为限,而必受区视学之认许。

(丙)每岁阿斯吞节(西四月间),为学年之始。凡儿童于是时已盈六岁者,皆入学。其于本年七月三十日以前盈六岁者,亦得因其父母或保育人之请愿,而许其同时入学。

(丁)儿童之残废者,疾病者,精神未长成者,得展缓其入学之年。其已入学者,亦得因残废疾病之故,而许其临时辍业。

(戊)儿童之不稳实者,神经不足者,神经薄弱者,神经痴钝者,得入公立或私立之特别学校,不于此外,再以普通之义务教育绳之。

(己)儿童有仅卒第七学年而出校者,必其已盈十四岁,又实有不得已之事故,乃得由教员或校长为请于区视学而认许之。

(庚)儿童在简易国民学校,已就学八年,而或于宗教、德意志语、诵读、习字、数学等科,尚有未及格者,得再令留学一年。

(辛)儿童卒业于国民学校,而不复受其他较高之教育者,有就学于进级学校三年之义务。

(壬)若儿童就学于中学校或高等国民学校,而于盈十五岁时,确能及其与年级相当之程度,则卒业后,不必再进进级学校。

据千八百七十六年二月十七日部定规则,外国儿童居于撒克逊邦内者,其义务教育之规则,与本邦儿童同。对于意大利、俄罗斯、英吉利之儿童,均历有成案。惟据千九百零三年成案,英国儿童受教育于家庭,而得卒业证书于其本国之学务官者,准英国法律,可为已尽教育之义务,则撒克逊文部亦未尝反对之。

自千八百七十六年以至千八百七十九年,撒克逊历与普鲁士、巴敦各邦及奥大利国协定,凡儿童之由本邦而移居他邦者,如未有其义务教育毕业之证书,则当循其所移居之地之定章,而就学,其于进级学校亦然。

千八百八十一年部定规则,具视学每年于阿斯吞节后检视各校长之报告,如有已及学龄之聋童,则致之聋童学校。

千八百八十八年部定规则,学生于受业时,有不甚注意者,教师当注意观察之,并使接近讲座,以验其耳之聪否,儿童之父母亦当注意观察,或使就医士而验之。

(五)(甲)儿童之父母或保育人,必使儿童于学校课业之时间,无或差忒,如有不得已之故而请假,则必先期报告,其或未及报告而辍业,则必以不及先期报告之故声明于校长或教员。

(乙)为业师者,雇仆役者,雇佣工者,必为其业徒、仆役、佣工,留其受进级教育之时间,俾得入进级学校。

(丙)儿童有疾,或其家人有可虑之疾(疑指传染病而言),得准其请假。准假之权,即在教员或地方学务长。其病愈而就学,亦由教员自由决许之。

(丁)若儿童无故而不就业,则地方长官得因学务长之报告,而罚其父母或保育人(亦得适用于其业师或雇主)银十泰尔以下。其不就业于进级学校者罚同。(每一泰尔约合马克三又十分之六)

(戊)儿童行习不谨,经学校之惩戒而不悛者,则由地方官准校长之报告,或由区视学准校长之声明,而告儿童之父母或保育人,令其退学,并即令自出学费,以俾此儿童受特别之私人教育,或赴公立之特别训练所。惟在贫民,则此等学费可由公会佽助。

(己)凡控诉学校或教员者,不必经该教员或地方视学之赞同,而可径达于地方学务处。如儿童之父母对于教员合法之教育若学校之秩序,而为无理之控诉,则由地方长官罚之,罚以银二十泰尔以下。

(庚)凡罚金,皆纳入于本地方之学校度支所。

(六)(甲)一地方居民所信仰之宗教不同,而于多数甲教派学校之外,尚有一乙教派之学校,则凡少数信仰乙教派之儿童,皆容其入乙教派之学校。

(乙)若一区中虽有少数信仰乙教派之儿童,而并无乙教派之学校,则此少数儿童,仍入普通之公立国民学校,而容其不在学校中受宗教科之教育,其学费亦酌减之。

(丙)凡此等儿童,不在学校中受宗教教育,而受之于其他之宗教社会,则教育者当给以本科之卒业证书。其或无可以受特别教育之机会,则儿童十二岁以上,亦得因其父母之请愿,而使参与于他教派之宗教教育。

(丁) 如儿童所信仰之宗教,并无宗教社会在其所居之地方,则可于他种教派中择其一以受宗教教育。其择定何派,惟其父母之自由,惟必报告于学校。

(七)(甲)凡学务公会,对于其会中国民学校及进级学校之无特别基本金者,有组织及维持之义务。

(乙) 学务公会,以欲达此义务之故,得要求所属各学校征确定之学费于学生,学费之数,由区学务长或公会所属之地方学务所定之。视家产及家庭关系之不同,而差次其多寡,其于进级学校,亦可酌征学费。

(丙) 学校以所征学费,供教员俸给及其他必需之品而不足,则得征教育税。由现今法定之最高学务官署会议而决之。

(丁) 凡僧侣及教员,得免纳关于教育之人口税,惟以其正任僧侣教员未移于他种职位及未兼他种俸给之时为限。

(戊) 如地方学务公会,于建造学校及维持之费,力不能给,则由政府补助之。

(八) 一地方之学务公会,各得议定一地方学务规则,而请视学官鉴定。惟其规则,不得与定章稍有牴牾。

第二章　国民学校之组织

(九)(甲)凡公立学校,必各有其确立而明晰之学区。此学区者,或跨数地方,或仅占一地方之部分。而必于关系上有独立之领产,可以界别者。居住此学区之人民,得组织一学务公会,其间即因宗教信仰之差别而有同时并立之学校,亦皆隶之。

（乙）凡教会受国王之允许而存立者,各得因文部之承认,而为其本教之儿童,建设公立学校,此等学校,必遵定章办理。

（丙）学务公会为一法人,隶属于政府,而有自治权。

（丁）学校之数,视需要及能力而定之。必使已及学龄之儿童,足以普受教育。学区之规则,及学校之隶入与调出,由所属学务官据公会会员之议案而处理之。

（戊）当学校团体离析之时,当由所由离析之地方或地方之部分,为各教员保存其任职年限之权利。凡被离析之教员,或由本学区尚存之公会赔偿其损失,或仍于团体中之各部分保留其派分之权利,而于其不可行之机会(专指第二策言)则由所属学务所裁决之。

（十）（甲）凡区学校一切不可省之支出,皆取给于学务公会所经理之学校度支所。

（乙）学校度支所所当支出者如左:

（子）教员及女教员之俸给及其职任上发生之耗费。

（丑）教员以公认为不得已之故而延代理者之耗费。

（寅）校舍之建筑及维持,及其基地之价值,苟非其地方上有特别之规定,或别有法律上应担任此等义务者,皆于学校度支所支给之。

（卯）学校器物及教授用书器之设备及保存各费。

(辰) 炉灯燃料及清洁校舍之费。

(巳) 学校治事及度支所支持之费及其他杂费。

(丙) 学校度支所所能收入者如左:

(子) 学校之义助金及基本金。

(丑) 由他种资本挹注于学校之息金。

(寅) 学费。

(卯) 因学校有买地或易产之需要,而准地方成例,由他所拨入经费者。

(辰) 罚金如第五节所规定及其他为改良校风而设者。

(巳) 学务公会所征之教育税,如第七节庚款所规定者。

(午) 政府所补助如第七节戊款所规定者。

(丁) 学校职员由规定之领产收入,及由教会职位拨给者,皆不与学校度支所相关系。

(十一) (甲)各学校必当有确定而适合于其鹄的之建筑,如教授时之位置,及方向,及准备,及校医所定卫生之关系,皆不可不适合。每一学生,于其本级所占之空间,以二立方迈当又二分之一为至少之限。

(乙) 乡间学校,必为第一教员(教员兼教务长)建一私宅于校舍中。

(丙) 国民学校之校舍及校具,得兼充进级学校之用。

(十二) (甲)简易国民学校因学生长幼之别,而分为二级,或二级以上,以第二节所规定之教科教授之。

(乙)每级学生,以六十人为至多之限。每一教员所教授之学生,以百二十人为至多之限。

(丙)教授之旨趣,在宗教科,以圣经中历史及基督之信仰及道德学为范围。在其余各科,则以公民必需之知识及能力为范围。

(丁)凡汪特 Wenden 族之儿童,于诵读科,以德语代汪特语,俾渐能应用德语于笔记口说之间,及高等,则一切教科皆以德语授之。惟宗教科,则于汪特宗教式流行之范围内,皆得以汪特语教授。

(戊)凡一地方,其儿童之数及一程度,而地方又有建设学校之能力,即得设一国民学校。

(己)凡国民学校,有教员六人以上,则得设一校长,以直接监督之。校长所任之事,为与学生之父母或保育人交涉,分配教科,执行校规,及与各教员商定课程表等。

(庚)在简单之国民学校(教员不及六人者),则仅以第一教员(教务长)兼任内部统摄指导之事。

(辛)国民学校之假期,在阿斯吞节(耶稣更生节)及芬斯吞节(耶稣更生后五十日节)各八日,在凡因那喝节(耶稣诞日)自十二月二十四日至次年一月一日,在轰特泰格(三伏)及弥写里司节(九月二十九日)合计四周(二十八日),其日数之分配,准各地方相承之校规行之。考试之期,不计于假期中。

附则,千九百零八年,重订学校假期,著为法令,其于国民学校之暑假(三伏)及秋假(九月)合计为五周有半(约四十日)。

(十三)(甲)学务公会得因地方之需要,而于简易国民学校以外,兼设中等及高等之国民学校。

(乙)中等国民学校,亦准第二节规定之教科为教授,而较简易国民学校,增益其内容,扩张其范围,以求达其高于简易国民学校之鹄的,故得特别组织相当之学级,而增益教授时间,且延长学年。

(丙)高等国民学校,于第二条所规定各教科外,得增外国语等,惟不以此侵损德意志语言及文学之范围。且亦不可倾向于他种专门学校之鹄的。其学级以五级为至少之限。而学年则酌量延长之。

(丁)中等及高等之国民学校,皆得设校长。

(戊)中等国民学校,每级学生以五十人为至多之限。在高等国民学校,则以四十人为限。

(已)在已设简易国民学校之地方,凡儿童,并无必进中等或高等国民学校之义务。其在未设简易国民学校之地方,则凡已及学龄之儿童,必于中等或高等之国民学校择一而进之。

(十四)(甲)进级学校之旨趣,在由国民学校所受之教育而更求进境。其尤所注意者,为公民生活应用之知识及能力。

(乙)教授时间,以每周二时为至少之限。于日曜日或其他月曜等日之晚间分配之。

(丙)学务处得扩充进级学校之教授时间,至每周六时,或仅于冬学期行之,或全年行之,由是男生受教育之义务亦随之而扩充。

(丁)此等扩充之进级学校,其教授之鹄的,亦必因而增高。其中重要各科,为德意志语、算术、形学、自然学、图绘,而教案中凡于国民学校所未及授或仅能授其概略者,皆得而编入之。

(戊)此等进级学校,得兼设关于工业或农业或商业之特别进级学校,但不可不注意者,凡儿童仅有受普通进级教育之鹄的者,不当令入特别进级学校。

(己)学务处亦得为国民学校卒业之女生设进级学校,其受教育之义务凡二年。

(庚)凡儿童得免入进级学校者,必受学务处特别之许可。

(辛)进级学校教员及女教员之俸给,由学校度支所供之。

(十五)(甲)以私人任国民之义务教育者,惟以已得教师证书之教员,或女教员为限。其私塾所延之教员及女教员,亦以已得教师证书者为限。

(乙)以私塾任义务教育者(进此等私塾者,不必再进公立之国民学校),必得最高学务官署之认可。必其于道德之品格,维持之能力,及其组织之原因,均无缺点可指摘者。

(丙)工场学校,亦必受特别之许可,必其有不能不设之原因者,而其教授时间,不得在夜中,惟以晨间及午后最先之时间为限。

(丁)一切宗教社会,欲组织中学校或小学校者,惟以一种特别之法令为根据者为限。

(戊)凡此类新设或旧有之学校,及其间任职之教员,皆受监督于所隶属之学务处,其有违背前列各规则者,则其所受之许可即被撤消。

第三章 教员与女教员之养成及任用及其与法律之关系

(十六)教员及女教员之养成,在师范学校,师范学校之组织,以国民学校之需要为准。而其规则由最高学务官署特别规定之。

(十七)(甲)凡愿就教员之职者,必经考试二次。

(一)学职候补生考试。师范生卒业后,由教员公会、承最高学务官署所派代表之监督而考试之。

(二)职位考试(亦谓之选举资格考试)。由对于此事特别组织之委员会考试之。

(乙)应学职候补生考试而及格者,得为助教,应职位考试而及格者,得任国民学校教员。

(丙)未尝入师范学校,而于师范生当习各科曾自修之,且亦曾实习教授,而有志为教员者,苟(笱)其品格,亦无可訾议,则亦许其应学职考试。

(丁)最高学务官署,亦得于例外任用外邦之教员,其人虽不受撒克逊之师范教育,而于其本邦曾应与撒克逊相等之考试;而得及格之证书者。

(戊)以高等学职之志愿,肄业于莱比锡之大学及毕业而考试及格者,得免于普通师范生之二次考试,而径为公立学校之助教员,或代理员,或私塾之分科教授;及其将为常任教员也,则仍应业位考试;惟专任宗教科教员者,得免试。

(己)教员任外国语、图绘、唱歌、体操、书法等专科者,必经一次特别考试,由职位考试之委员会特派员试之。试而及格,又必在一公立之国民学校任职三年而无间,且每周教授二十时间以上,始得有常任专科教员之权利。

(十八)(甲)凡学职候补生,于此次考试及格以后,至少必任助教员,或学校代理员二年,称职无过,而后许其应职位考试,又及格,乃得为常任教员。

(乙)女师范生,应第十七条所规定之考试而及格,为女教员者,如未嫁,则在男女生合班之学校中,惟任初等及中等之教科,在女学堂则否。若在男女分班之学校而使教授于女生一部分,则可以普及各级。

(丙)女教员若在任职之时结婚,而其时并无恩结可得,则为留其职位。

(丁)凡教员及女教员,自任职以后必忠于其职,而誓守本邦法律及本邦宪法。其于应试时指定宗教科者,尤望其能忠于本教。

(十九)凡一地方合各国民学校而计之,其种种教式之教员及十人以上,又如一市府已实行新定市府章程者,其学校中教员之选举权,由公会议员及市议员监定之。在宗教式差别甚少之学校,则此后之任职者,得实行其选举权。在此外之学校,则关于教员之选举权,由最高学务官署监定之。

(二十) 学职之新旧交替,准左列规则:

(甲之一) 凡学校职员辞职者,自辞职之日起,于四周之内,荐举继任者三人于校长,而同时报告于区视学,偕其所荐举之人至学校所在地之学务公会试演之。

(甲之二) 使辞职者不能荐举三人,或并无一人可荐举,而且此辞职者即为兼充校长之人,则此职位,一听学务处之处置,而与辞职者无复关系。

(甲之三) 使辞职者所荐举之人,均为校长所谢绝,则亦悉委其任用之权于学务处,而与辞职者无复关系。

(乙) 辞职者荐举三人,而皆为最高学务官署所承认,则由校长于此三人中选其一而任之。

(丙之一) 被荐举者之来学校所在地而试演,其旅费由学校度支所支给之。惟各校长欲免试演之烦,则可由校长指任一人,或由辞职者指荐一人。

(丙之二) 如其职位与教院职位相连系,则校长之所任用,必待教院长或教院主之承认。如或被反对,则申请于最高学务官署以决之。

(丙之三) 校长于被荐举人末次试演以后,三日以内,必说明其意见。如其不置可否,则辞职者有自由指任一人之权。

(丙之四) 使辞职者于其辞职以后之四周内,不用其选举权,而其报告也,又未逾所限之期限,则其对于最高学务官署,并无侵越权利及放弃义务之失。

(丙之五) 凡被荐举于辞职员者,必由区视学推荐于最高学务官署,得其信任之证书,乃由区视学宣告于地方视学或校长而使就职焉。

(丁)委员代理,由区视学径行之,不必受校长及辞职者之协赞。

(二十一)(甲)凡教员及女教员,皆得有与其职位相当之俸给。以就职之证书为准,按月领之。

(乙)凡教员于此确定之月俸以外,又得有不出赁费之居宅,或领取普通标准之赁宅费。

(丙)凡教员,非在章程中所规定之申告(如任职已若干年)及条件(如得学务处之允许),不得为独立教员。

(丁)学校中鸣钟之仆役,教员有进退之权,使其学校已不复与一教院联合(谓不以教院长兼学务官),则仆役之司鸣钟及整理时辰钟者,其佣资当由教员给与。其它清洁校舍及炉炭之费,则教员不必任之。

(戊)凡独立教员,苟于道德上职分上皆无可非难,则及一时期而有递增之俸给。

(己)凡教员被他地方之学校所延请,则由延请之地方学务公会,给以旅行之费。惟教员若任职不及二年而又他适,则前此所领之旅行费,仍宜偿缴。

(庚)凡教员在一国民学校任职至十年以上,而并无过失,乃以体魄或精神之疾病而辞职,或以年及七十而辞职,或任职在四十年以上,又年及六十五岁而辞职,则由公立之教员恩俸度支所给以相当之恩俸。

(辛)教员在职而死,则其寡妇及遗孤,得迁延二月,留于该教员之居宅(公给者)及续领该教员之月俸。

(壬)教员之寡妇及遗孤,亦得有相当之恤金。

(癸)教员俸给至少之限及递增之俸,及凡恩俸恤金之数之差次,皆别有法令以规定之。

(二十二)(甲)凡简易国民学校之教员,每周教授时间,得至三十二时。其特别分任之专科教授,亦在其中。其在中等或高等国民学校之教员及兼充校长者,因其关系之不同而酌减之。

(乙)教员于确定之教授时间以外,又得在国民学校或进级学校再任教科,至每周六时,其特别俸给,以准每周之一时间而每年得七十五马克为至少之限。

(丙)凡教员兼任私塾教科者,以无损于其正当之职务及地方学校规则为限,而又必受学务处或区视学之承认。

(丁)教员去职者,得于其声明去职以后留任至两阅月。

(戊)凡教员于教授之方法及教材之分配,皆当准学务处所规定之教案。其教案准区视学所承认之课程表而为之。

(己)惩戒学生,凡其作用之与学校鹄的相违者,宜避之。其详当规定于执行之规则。

(二十三)凡教员之不称职者,不尽心者,有失德者,以下列之规则处分之:

(甲)去职(兼被辞或自辞者言)。

(其一)使一教员于刑法所著之条有所违犯,而受惩役,或受一阅月以上监禁之判定者,则由最高学务官署宣告去职。

(其二)在教员所犯过失,未得确据,而尚待探审之时,由视学员酌量情形,而停其职务若干时。

(其三)如探审以后,裁判所判定而无罪,则该教员虽或不再留任,而自审判时以至去职时,虽停其职务而仍不夺其俸给。

(乙)免职。

(其一)使一教员有丧失人格之罪,已得确证者,则由最高学务官署宣告免职。其条列如左:

(子)因刑法上之罪,而被判定一阅月以上至四阅月之监禁,或一阅月以上之监狱者。

(丑)奸淫之罪,其尤甚者,为对于学生。

(寅)宗教科之教员,大违反其当守之义务者。

(卯)行不德之事,或恃其职位之势力,而为不一致之举动,使渐趋发达之行政法受其损害者。

(其二)教员之免职者,于其免职状宣布以前,得有十日,为其自由上控之期,其上控时,由最高学务官署,以前列各条与裁判所公牍参合而决之。

(其三)若教员虽有过失,而得留任之许可者,其后于所当改良之事,再有违犯,则仍即免职。

(其四)上列一款,于后第三节第二款所列诸事,亦同有效力。

(丙)改过之处分。

(其一)教员之放弃其义务者,于其职务有不适当之举动,而生不良之效果者,则有改过之处分。

(其二) 教员当受改过之处分者如左:

(子) 不勤于教授之预备者。

(丑) 怠慢于职务而轻忽于所任之教科者。

(寅) 不守学务处所定之规则,或轻忽学务处若校长所定之规则者。

(卯) 与僚友不亲睦者。

(辰) 凭借职位而诡用之以便其私图者。

(巳) 以强硬或过度之处分对于学生者。

(午) 因过饮或疏忽而生过失,或与无品格之人交通,及往来于不正当之处所者。

(其三) 改过之处置,先由学校之长,如校长或区视学特别忠告之。

(其四) 忠告之而不悛,于是加之以第一次之谴责。谴责之道,视其所犯之过失以为差,而同时停其职务,得至于三阅月,其间以已确有改正之证据为终限。

(其五) 凡曾受此等谴责之教员,必其此后三阅年,并无过失可以指摘,而后不受此谴责之影响。

(其六) 若该教员于此三年内再有过犯,则视学官得即强迫以停职。(循学校相承特别之规定,亦有因其间再犯同失或他失而即免职者。)是为第二次之谴责。

(其七) 当区视学判定第二次谴责及停职若干日之

时,得为该教员迁延十日,于其间如自以为冤抑,得自由控诉于最高学务官署。

(其八)如该教员受第二之谴责,而仍不悛,或别犯他种过失者,则由最高学务官署于例给三周(二十一日)自由控诉期后,视其无可原宥者,而宣告免职。

(其九)若该教员于所给期内上控,则最高学务官署之审判法,视乙款之二。

(其十)凡免职之教员,其相当之恩给,亦同时撤消。惟其人若于免职后力自悔过,既复其公民之权利,而于职务之担任,可保证其无他,则亦得由最高学务官署之承认,而复任独立教员。

(其十一)凡改过之处分,皆当具该教员署名之案牍而保存之。其间如该教员之认罪状,或辨解状,又其他证人之笔札,袒护之者,或攻击之者,皆具。

(其十二)上列各种处分,亦得应用于女教员。

第四章　国民学校之管理及监察

甲　学务处

(二十四)(甲)学务公会。欲尽其管理国民学校之义务若权利,于每学区设一学务处以达之。

(乙)其权限如左:

(其一)传达高等学务官署之法令及规则之达于学务公会者。

(其二)经理学校之地位,及组织,及教员居宅。监察学校之建筑,及其所有之地产及处置之法。

(其三)选择教授用具及教科书而购备之,惟须受区视学之鉴定。

(其四)经理学务公会之财产,及学校捐款之未有特别规定之管理人者。

(其五)提出学校每年之预算案。

(其六)决算预算案中各种之费用,筹措经费,及宣布学校度支所之统计。其他由市议会所设特别机关拨济校费者,亦掌其出纳之事务。

(其七)执行学务公会法律上对于教员任用之权利。

(其八)援助教员职务之实行,主义之确立,及学生逃课之禁止。

(其九)监察教员职务上之事状及成绩,且对于不尽心者有善为规劝之权。

(其十)监察幼稚园,幼稚保育所,勤工学校,及其他关于教育之公所,其全部或一部分,由公众建设及维持者。

(其十一)以名义上代表学务公会,而与公民自治会及所隶属之官署交涉,且行于一切公私之关系。

（二十五）学务处之职员。

（甲）在乡间及市府之未行新章者，学务处之职员所自出者如左：

（其一）公民自治会及学务公会之会员，其人数由本学区所包含之各地方定章所规定者。

一学区中若有多数之公民自治会，则各有一会员入学务处以为本会之代表。推至小之自治会或自治会之部分，亦可与他会合举一员。

（其二）教员及校长每校所举人数，视各地方学校规则之所定。

（其三）学校之在教院管区者，教师与之。

（其四）教师不与闻监督学校之事者，有地方视学员参与之。其人数定于最高学务官署。

（乙）在已行新章之市府，则按新章所揭。以学务处为一种复杂之市府委员会，而与市府议员立于相对之地位，其权限如下：

其名曰学校委员会。其选举法关于教员及僧侣者，与甲节同。其以校外行政分配于市府议员及该委员会之间者，视各地方相承之规则而行之。凡居民于其居宅之外，别有领地，而此领地又不属于政治公团者（谓属于学务公会），则其人于学校委员会中有位置及决议权。若一学区中有多数之此等地主，则由彼等公举一人或数人入学校委员会，而其代表之规则，亦视该地方相承者而行之。

(二十六)(甲)学务处职员之代表公民自治会者,由公民自治会于本会会员中选举。各会员皆有被选之权。其任期三年。若被选者辞不就职,则公民自治会承认之。其由教员及校长入选者,由教员校长之团体公举之。其任期亦三年。

若所举职员,在学务公会一方面人数较少,则得准各地方之通例,于该学务公会范围内为家主之男子,举员以充之。

(二十七)(甲)学务处于各职员中,公举学务长一人,副学务长一人,书记长一人,即准各地方通例,有不必以确定之人充之者,然不得悬缺至三年之久。

教员及校长,不得被举为学务长。

(乙)市府学校委员会之选任会长,由市府议员议决之。

(丙)(丁)(戊)(言学务长所任之事略之)

(二十八)(甲)(乙)(丙)(丁)言学务处会议规则略之。

(二十九)(甲)受政府之委任,而为一地方(如我国都图之类)学务之长,以监察学校者,有地方学校监督(亦可谓之地方视学)。

(子)其地方有设校长之学校,即以校长充之。

(丑)其地方无设校长之学校,以本地方之僧侣充之。

二者皆以不受最高学务官署之反对而又无该官署之特派员者为限。

(乙)地方学校监督,无俸给。

(丙)(丁)(戊)(言监督所任之事略之)

（三十）学校度支所办事规事二款略之。

（三十一）言学务处职员自度支所干事外皆不领俸给一款略。

乙　区视学

（三十二）（甲）政府为欲监察各国民学校教授及教育之状况，特设区视学之职。选举专门之人材以充之。

（乙）区视学各有其确定之学区。

（丙）区视学由最高学务官署指任，其俸给由政府给之。（余略）

（三十三）（言区视学之职掌凡六款略之）

（三十四）（甲）为欲督理各地方之学校而保持各学校外部之秩序，特设区视学司。

（乙）区视学司之组织。

（其一）在已行新章之市府，由市府议员及区视学组织之。

（其二）在乡间及未行新章之市府，由本区行政官及区视学组织之。

（丙）（丁）（言区视学司之旨趣略之）

（三十五）（言区视学司之权限凡九款略之）

丙　最高学务官署

（三十六）最高学务官署即文部。

（三十七）（最高学务官署之权限凡二款略之）

千八百七十四年八月二十五日补订之规则

第一章 （补订前普通规则）

（一）（补前第一节）凡国民学校，必使其学生盈八学年而后卒业。

（二）（补前第二节）（甲）凡法令中所指定国民学校之教科，必一切编入课程表中，惟当留余地，以备酌量地方情形。而于一种教科之部分特别加详。凡编定教科，当注意于各学校之大略相同，在进级学校亦然。

（乙）在简易国民学校中，女学生之手工，必不可废。如刺绣、缝纫洗衣之标识，修缮、裁剪等其各学校中于各科有能设与否之别，由区视学酌定之。

（三）（补前第三节）凡一学校有一种关于专门职业之教科者，不计于国民学校之中，而视为专科教育，其学年亦不必以义务教育之年限为范围。

（四）（补前第四节）（甲）儿童就学于简易国民学校，以八学年为至少之限，在中等若高等之国民学校亦然。在一切他种学校或于公立私立之学校迭相出入者，无不以此为准。惟如前章第四节己款所规定者在例外。

（乙）儿童若因疾病或其他原因而间有辍学之时，则亦惟于前章第七节庚款所指定名科有未及格者，始于八年以外延长其学年。

（丙）学生卒业于国民学校而免其就宗教式教育者，以千八百三十六年十二月十五日所定之规则为准。

(丁)凡儿童非就高等之教育或专门学校或特别宗教教育之学校,仅以受家庭或塾师之教育,而欲不就国民学校者,区视学当察其所受教育,是否能合于国民学校之程度而准驳之。

(戊)儿童得受义务教育于家庭者,以其父曾受完全之师范教育者为限。其在例外而有不得已之原因者,则当由最高学务官署决之。

(己)凡儿童受塾师教授及较高等之学校或专科之学校者,仍有纳学费于本地方国民学校之义务。惟其地方学校规则之受最高学务官署认可者,多为受私塾若家庭教育之儿童规定其数,为不得过于学校律中所定最高学费之半额。凡高等国民学校,对于中等及简易者,又中等国民学校对于简易者,皆为较高等之学校云。

(庚)凡私立小学之教务长及塾师,其所收生徒在义务教育年限以内者,必报告于学务处。

(五)(补前第四节乙款)(甲)凡甲地方之儿童,欲就学于乙地方之简易国民学校者,必由区视学比较儿童居宅与学校相去之远近而定之,使其所欲就之学校。属于他区者,得区视学之承认亦可往就,而不必再纳学费于地方之学校。

(乙)地方学校规则,有特别规定者,儿童就学于他区之学校,仍当纳半费于本区本地方之学校。

(丙)在撒克逊边境之儿童,有欲就学于外邦学区之学校者,其保育人必请于最高学务官署得其承诺而后行之。

(七)(补前第四节丙款)(甲)凡男女学生同级者,教室中男生与女生之坐次各自为部。而于两部之间,留空行以界之。若以前后分部,则男生在前而近于讲座。

(乙)在男女生分级之学校,则学生中年长者之坐次在后列。

(十一)(补前第四节辛款及壬款)(甲)凡进级学校,皆直接联合于国民学校,其学年通例,为自十四岁至十七岁。

(乙)凡儿童就学于高等教授学术之学校,如文科中学、师范预备科、师范学校及第一第二实科中学者,苟其勤业无辍,以至于盈十五岁,则不必再进进级学校。其他就学于中等若高等之国民学校及受私塾教育,历九年之久而无间断者亦然。

(丙)惟儿童入中等或高等之国民学校者,必其能企及于与年相当之学级,始合前例。使因儿童之资禀太低,或进前稍迟之故,至十五岁而未抵于毕业之程度,则或留学本校,或别进进级学校,再历一年。

(十六)(补前第七节)(甲)学校经费,不足以敷教员若女教员之俸给,则收学生之学费。学费之数由校长于每年阿斯吞节之前数日,统计本年学生进退之数而决定之,记之于簿其数之差别。视学校种类,及负担者之所得及财产,而各各不同。且视一家进学儿童之人数,而别为差次。要之学费者,非以供学校一切之需要,而仅为补助费。

据千八百四十年十月二十二日所定恤贫规则第五十条　凡地方非特设贫民学校者,贫民之子弟,其学费可以视普通或最低者而又减其半,且由恤贫度支所代缴之。

第二章　补订前国民学校之组织

(二十一)(补前第十节乙款)(丁之三)学生之贫者,其不可缺之书籍纸墨等物,由学校给予。由教员核定其数,得学务处之承认,而由教员或校长或学校度支所之理事人汇购之。惟此等书物,惟许被给之贫生自用,不得转给他学生,或他成人。其综合之价值,亦由学务处酌定中数。

(丁之四)国民学校,当循区视学之建议,而为学生设一小藏书楼,其经费取给于学校度支所。

(二十三)(补前第十一节)(丁)体操场及体操堂。(即雨时体操之所)得由一学区中各学校合设而公用之。时亦得由毗邻之学校公会合设之。

(二十四)(补前第十二节由甲款至戊款)(丙)一学校具五级以上,且有一校长,而或因邻近工厂及校舍不敷之故,而不得不有半日教授之学级者,第使其中等高等各级,皆有全日课程,则仍以中等国民学校视之。

(二十五)(补前第十二节乙款)学校中每级及每教员所授生徒之通数,虽以六十及百二十人为限,然或所增无多,或暂溢而不久仍得中数者,亦可破例而容之。其时教员不得援例定之数而拒之。惟教员所授课程,若每周已逾三十二时以上,则学校度支所,当给以特别之俸给,准每周之一时而岁给三十六马克以上。

(二十八)(补前第十二节辛款)(甲)学校日曜日节日及水曜土曜之午后皆不授课。

(丙)夏假及秋假之四周,亦可酌量地方情形,而于护谷或护薯之时分配数日。且亦或可于四周外酌增假日,在一周以内。

(丁)于例定假期以外,遇年市或学校纪念日或教院祭日,亦可由学务处请于区视学而增其假期,惟每节以一日为限。

(戊)教员授课时间,当务求不为教院参与等事所夺。若必不得已而请假,则他日当补课之。

(辛)前定第十二节辛款,亦适用于中等或高等之国民学校及进级学校。

(二十九)(补前十三节乙款)(甲)中等国民学校者,所以使其学生于祖国语言。实科知识及技术之能力,皆足以应用。惟其学年,则非必延至八年以上。

(乙)中等国民学校,必要之教科,亦不外乎前第二节所规定者。惟于各科中均求达其较高于简易国民学校之鹄的,而分级亦当较多。

(丙)八学年中,至少分为四级。第二第四年,每周教授时间,自体操及女工外,至少二十时。及最后学年,则男生自体操外至少二十六时,女生自体操及女工外,至少二十四时。若酌量地方情形而能定为九学年之学校,则可设五级以上。而各级有二学年者,有一学年者,互相消息。

(丁)凡简易国民学校,得于中等高筹各级,或特别选拔之学生,兼设中等国民学校。

(三十)(补前十三节丙款)(甲)高等国民学校者,为儿童之父母有并无使其儿童进求专门学术之志愿。而欲其于普通之教育,实际之知识,自主之判断力,均无所歉,以为立身于工商业社会之预备,故设此等学校以应之。

(乙)在女学生,则因其自立之志望,而以高远之教育助其精神界之进化。或养成其一种能力,使足为自立职业之助。

(丙)教科中至少必有外国语一门。而各科教材之分配,则务使毕业年限之中数。凡男生女生,皆以盈十六岁为准。

(丁)在高等国民学校,亦不可不守基本教育之旨趣。凡教材诚当各有其独立之真际,而不可不辐辏于实际一方面之中心点,使学者于各种教科,均能了解其统一机关之所在。

(戊)高等国民学校,定为十学年。而每周教科时间,自第三学年起(儿童盈八岁)由二十二时递增至三十时以至于三十二时,体操之时间不与计焉。惟高等女学校,于教授之始,以科学理法教授手工,每周二时以至三时。

(己)凡中等国民学校,得于其中等高等各级或特别选拔之学生,组织为高等国民学校。

(庚)在中等高等国民学校,男女分级。自课程中有男女生特别适宜之点始。

(辛)凡此等学校,皆当酌量能力,留自由学额若干,以待贫家聪颖之儿童。

(三十二)(补前第十四节)(乙)进级学校,在工业地方,得增授图绘科,每周二时,在农业地方,增授农学二时。于夏学期中亦得分配之。

(丙)进级学校,有可于教员外延特别教授以相助者,如图绘及形学之关乎工艺、农学之关乎实际经济。史学地理文学关乎宗教者,皆是。

(戊)女学生之进级学校,每周教授时间不过二时。

(庚)凡儿童已进工艺及农艺进级学校者,得由内部咨会文部,为该生免其进普通进级学校之义务。

(癸)凡儿童之父母,若保育人,若业师,若雇主,不令此儿童循法令而进进级学校者,罚之。适用前定第十二节及第十三节所规定者。

附录千八百七十八年正月四日所布之规则

(四)进级学校之学生,虽在校外,亦当遵学校所训练之道德以自检。凡公开之舞蹈会若游览所,不合于纯洁之风习者,皆不得参与。

撒克逊小学定章译名记要

简易国民学校 einfache Volksschule

中等国民学校 mittlere Volksschule

高等国民学校 höhere Volksschule

进级学校 Fortbildungsschule

亦谓之日曜学校 Sonntagsschule

或谓之夜学校 Abendschule

学区 Schulbezirk

地方 Ort 或 Lokal(此略如我国所谓都图,日本人谓之町村,有时亦作无一定界划之地方用,今因都图等字不常用,故以地方译之)

地方学务监督 Ortschulaufsicht

亦谓之地方视学 Ortschulinspektor

学务公会 Schulgemeinde

学务处 Schulvorstand(亦可译为劝学所)

区视学 Bezirksschulinspektor

区视学司 Bezirksinspektion

最高学务官署 Oberste Schulbehörde

即文部 Ministerium des Kultus und öffentlichen Unterrichts.

柏格森玄学导言(节译)

〔法〕柏格森　著

此书我止见德文印本，又无暇全译，仅把他格外可以引人入胜的译几节；买椟还珠的错误，一定不免，请读者原谅！

哲学家认识对象的方法有两派：一是在对象外面盘旋的；一是向对象内部侵入的。前一派要用视点做凭借，用符号来表示；后一派不用这些。前一派所认识，是相对的；后一派所认识，是绝对的。

例如有一物体在空间运动，我要是凭着一种视点，又把他运动的经过用各种记号表示出来，这是我完全立在这个对象以外，所以是相对的。要是我的想象力侵入这个运动的物体里面，他的动就是我的动，动的各种状态，我都能感觉着，没有视点可凭着，也用不着符号来翻译，所以是绝对的。

又如小说中描写一个人格，用种种言语与行为来表示他的特性，我读了终不能与亲见此人的感觉一样。因为小说上给我许多视点与许多符号，我读了，觉得他的各种言动，都是他人公有的分子，所以是相对的。要是我亲见此人，得到他浑然融合的人格，那才是绝对的了。

所以“绝对”就是完全。例如有一个都市的摄影，不过摄入许多视点，要费许多的补充，断不能与我们亲自实地游历过的印象一样。又如译一首诗，无论费多少体会，经多少修改，总不能照原本一样。凡有从一定视点观察，用一种符号指示的，决不能完全。“绝对”是惟一完全的。

因而“绝对”与“无穷”，也常常同意。例如我对于一个不解希腊文的人，译和美尔诗给他听，想用种种方法，把原来的旨趣完全达出来，总是不能。又如有人一举臂，是一种最简单的动作，在他内部体验,是容易不过的了。但设使我要在表面指证他,必寻他的动作是先经过那一点,后来又经过那一点;而且这两点的中间,又可以分作若干点。这么推求下去,就永无了期。又如一块金子的价值,要用零星的钱去抵当他,永远不能一样。凡是这种不可分的观念与求不出的计算,只好用无穷来形容他。

"绝对"止能用直观体认他,不能用分析法。直观是一种智力的感入,可以达到对象的内部,体认他惟一不可名言的情状。分析是就对象上把他所有与别种对象公具的分子举出来,显出许多交互的视点,从这些视点上认出这个对象与我们已知的别种对象有什么关系。如用这个办法,来指示绝对,止能无穷的增加视点来分析,不倦的增加符号来表示,还是无效。

凡是实证科学,均用分析法,都用符号。不但自然科学,就是生活的科学,也是根据那生活的形式、机关,与解剖出来的部分互相比较,由复杂求到简单,用可见的符号,求研究生活的机能就是了。若是换一个方法,用绝对的认识,来代相对的,用深入对象的体认,来代对待的视点,用直观的全有,来代分析的选取,超乎各种符号以外,那就是玄学的本分了。所以玄学是一种要不借符号而能表示的科学。

我们总觉得有一种实在,由自己的直观得来,不是由分析法的。这就是我们随时而动的本人,就是我们的"我",就是"悠久"。我们并没有用智力去体认别种物体,我们实在不过体认我们的自己。

我们试自省一回,看看自己的意识。最先觉得的,是表面上有许多来自物质的感觉。进一步,觉得有记忆,这都是多少与感觉相关联的,又都脱离了“我”,与感觉相似,浮在周围。他们都不过在“我”的上面,并不是绝对的“我”。最后,是觉得猛进的,惯动的,有一群有力的动作,在那里交错着,这些都多少与感觉记忆相关联。这些分子带着他们那明了的有定的形式,要是彼此愈互相分离,尤愈与“我”分离。他们由内而外,在表面上结成一种有倾向的雾气,向外面扩张开去,沉没在“我”以外的世界了。设使我从这个周围,向着中心点,集合起来,来寻我的根本,就是最平均、最坚固、最永久的“我”,那就见得有点很不同的了。

在那些表面结晶形式与固定状态以下,发现一种流动的状态。这是一种状态的连续,凡所有连续的都可以指示出来,凡所有在他上面经过的,都可以包含着。设使我回溯他们过去的,寻他们踪迹,就知道他们最初是各有各的状态。等到我觉到的时候,只见得他们的共同生活上有这么样强固的组织,深邃的灵化,竟说不出那一个是终结了,那一个是开始了。其实他们并没有开始的,终结的,不过这么相互的连续就是了。

设使我们作一种展卷的设想,凡是有生活的,都免不了渐渐儿要展到末端的感想。因为生活上,人是要老的。但又可以作渐渐儿卷上去想,如把一根线卷在一个线团上,因为我们的已往是永永随着我们连续起来,不绝的扩大起来,环绕着现在;现在又是一路把他们收揽起来;于是意识上表示记忆。

实在并没有展开与卷上的样子。因为一个卷子,展开来,又卷上去,无论是线是面,他那两次形象的分子,都是同性的,而且有一部分掩盖着那一部分。若是意识上,从没有两瞬间同一状态的。我们试取一个最简单的感觉,作为一种状态,把我们的本人完全吸收进去。那时候与这感觉相伴的意识,没有一瞬间可以把一样的状态停留的,因为续起的一瞬间,总是把已往的留作记忆了。要是说有一种意识,能同样的在两瞬间保存,这就是没有记忆的意识,是已往的,是保存的,毫不与新的相关联了。但是我们什么能体会这种无意识的状况呢?

我们设想有一种光带,具千种色彩,照不可辨认的差别,顺次排列起来,由那一级融合,演到别一级融合去。有一个感流,穿着这个光带过去,顺着他那融合的次序受变化。但是光带上连续的融合,是永远在表面上,这个靠着那个的平列着,因为是占着空间的。那纯粹的"悠久",在每种思想,从没有平列的,对分的,延扩的。

我们又设想有一支无穷小的橡胶带,是由数学上的点辏成的。我们慢慢儿扯长来,不断的变点作线。我们的注意,不在线上,在扯长的动作。我们想,这个动作,是不可分析的。且假定可以不断的扯过去。设使我们故意停顿了一回,似乎可以分作两次"不可分析"的动作了。但是这分作两次的,还不是动作,仍是不动的线,因为他有痕迹留在空间了。我们若是脱离了动的地盘的空间,专来认识运动的自身,专来认识紧张与延展的事状,专来认识纯粹的动作,那才能把"我"的进化,在悠久中求出真相。

但是这些比喻,终是不能尽善的。因为我们"悠久"的展开,由常动的方面看,是"一"的;由发展的方面看,是"多"的。从没有一种比喻,可以不牺牲"一"或"多"的一方面,而同时形容出来的。

心理学是用分析法,与别种科学同。他把最初在直观上的"我"解散了,分作外觉、内感与印象等等来试验。他把一列的分子来代"我",做成心理的状态。但都是原素,不是部分。

每种心理状态,本属于一个人的,作为这个人总人格的映相。断没有一种感触,能简单到与已过及现在各种毫无关系的。除非经过抽象作用与分析作用,才能披示这种简单的。设使屏弃抽象与分析等作用,心理学就不能发展,是无可疑的。心理学上把各个心理状态特别解放出来,是先着手于个人的特色,就是在共知的、普通的表示以外的。由这种简单化的个人,把种种情状分解开来,作主要的试验。例如要研究人的偏性,先把每个人所具的特别色彩与别人殊异的求出来。然后注意到一定方向的活动,把各种状态,如个人的特色,内部动作的视点,具体偏见的形式,都分解开来,列为独立的事状了。这正与一个美术家的事实相类。这个美术家过巴黎时,想把圣母院高塔描写出来。这个塔与教院是不可离的。那教院与他的地基,与周围的建筑,与巴黎全市,又是不可离的。但是他一定要把这些不可离的关系,统统解脱了,单单写一个塔。兼且事实上这个塔是用石材建造的,他的形式是由石材聚合上发生的。但这个美术家对于石材,却没有什么兴会,他止要塔的影象。他是想把物体上实在的、内蕴的组织,全凭着表面的、机械的复影把握起来,所以他的描写,是一种研究客体的视点。他的选择,也是一种表示的方法。现在心理学家钩取心理的状态,也是这样。他从个人的总体上求出心理的事实,这些分离的事实,不外乎一种用技术重造起来的图样。他是用一定质素的,与特别关系的光景上钩取出来,建造起来的。他所用的不是部分,却是原质,不是曾经打碎的,是经分析的。

凡有外国人藏着的巴黎略图,当然为纪念巴黎的关系。这个人若曾见过实在的巴黎,他一定能从全部的直观出来,在这幅略图上分别印证,又结合起来。但是若没有到过巴黎的人,想从详细而且有“巴黎”字作标记的图,一点一点的辏合起来,造成一个从未经过的直观,现出巴黎的印象,是绝对不可能的。因为他并不用全体的各部分来辏合,是用记号的。又譬如有人用一首我没有读过的诗,把他的字都分成一个个的字母,又统统倒乱了,要我辏合起来,与原诗一样。这些字母,若可以算是原诗的部分,那就像儿童用零星石块辏成一种建筑的样子,止要不惜时间,可以慢慢儿辏起来。但这些字母,并不是真正的部分,不过是记号的部分,所以永远辏不成功。若是这一首诗,是我曾经读过的,那就把这些字母,辏成一首原诗出来,还不是很难的事。我当排列字母的时候,先把一个直觉唤起来,然后由这个直观降到记号的部分,从新辏合起来,是可能的。这么看来,要是不用对象的部分而用他那记号的部分,要辏成对象的本体,人人都信为不合理的了。

但是哲学家偏要从此下手,凭着心理学的事状,重组一个人格出来。或保持在事状上,或用一种线索把这些事状组合起来。经验论与合理论,都有这种误会,都把分解的记号当作实在的部分。于是分析的视点与直观的视点,实证科学与玄学,均互相错杂了。

经验论的哲学,是把直观的视点与分析的视点混同了。他想从译本中求出原来,这是不可能的事。所以他是从消极出发的,这个消极的意义很简单,因为分析不是直观,自己已经证明了。科学本来从最初朦胧的直观上得到材料,但很快的就移到分析去,在对象上加些视点,且无穷的加起来,他们自信把这些视点结合起来,可以重造一个对象,仿佛儿童想凭着墙上过去的影子,造一个玩物出来,不是很可怪么?

定理论也与经验论有一样的误会。他也把从“我”上解脱下来的心理事状从新聚合起来;他也把这些聚集的分子,重造出统一的个人来。他所新造的个人,也不过一个幻影,向无定中消灭了,这些都与经验论一样。他与经验论不同的一点,是经验论最后所努力说明的是心理学事状的“多”,定理论是停留在人格的“一”就是了。他的“一”也是从心理事状中寻求,但事状的性质与决论,在人格的“一”上,全是消极的。他那个“我”的“一”,是止有形式,没有内容,完全是空的。有一个影在空中活动,可以说是影的地位了。什么可以用这个实际无形的形式,来表示一个生活的、动作的人格,叫保罗与彼得可以区别呢?这派哲学家既然把这个形式从人格上分离出来,就不能把个人来规定,一步一步的从那个空“我”上造出一个不可测的库藏来,就任意的说是为全人类的,为神的,为普通实在的,这不是可怪的么?经验论与定理论,止有一点区别,第一派是在心理事状的间隙上求“我”,这个间隙上仍旧寻出心理事状来。无穷的这样求过去,“我”就在一步一步缩小的间隙里面夹紧来,向着零点进行。这就是永远分析过去。在定理论是要在“我”上寻出一个地位来,可以容留这些事状的。常常看着一个空的地位,没有一种“这里胜于那里”的理由,可以中止他的。每个都可以超过界线,继续的扩张开去。这不是向着零点走,乃是向着无穷的自灭罢了。

说人格的“一”是不错的,但并非指个人的“一”,因为我们的“我”还有多的一方面。说“我”是多的,也不错,但不是随便“连着别个”的多。在哲学上不可不知道的,就是什么是“一”,什么是“多”?什么是超过抽象的“一”与“多”而成为个人“多的一”的实在？止有一法，就是我自己体那“我”的直观。并可以由这个顶点任意降下来向着一或多，也可以达到人生需要的概念。但这种概念，决不可混作悠久的个人就是了。

设使我对着一个固定的圆锥体，我看他，向着顶上一点一点缩小去，直到数学的点。又向着底盘一点一点的照圈形扩大开去。但是我们并不要执着一点或一圈，或点与圈并列在平面上，我们自然可以得到一个圆锥体观念。同样的是人生的一而且多，同样的可以消纳经验论与定理论的零点与无穷的人生观。

人往往觉得概念与标题的特性，在分析进行中并没有改变。我曾从精神生活全体上把心理的状况解脱下来，举一个简单的觉。在我研究的时间，觉得他终是照常留滞着。设使我发见他有点儿改变，我就说这并非一个觉，那是好几个觉交错起来了。因为我前次认识一个觉，当作完全的，所以把不变的性质，移用在连续的觉上了。设使我又不断的分析过去，分到原子，我遂认为永不改变的。止有这里，“我”认为解剖术的基础，科学是由此进行的。

但是精神状态，从没有这么简单，说不是每一瞬间都有变更的。没有一个觉不含着记忆，也没有一个状态的连续，不是已往的记忆递加起来，一直到现在感觉的，这里面就是悠久。

设使我把这个悠久作为多数的瞬间，由一个“一”把他连贯起来，如把一根线在中间穿过去，又结起来的样子。这些瞬间，是随意选择的悠久，可以有无量数。我可以尽量的把他们逼近起来。但是两个数学点的中间，永远有数学点可以挤入，就无穷的这么过去。由“多”的方面看起来，悠久是一种多数瞬间连合的旋尘，在那里飞舞。这并不是悠久，不过一个一个的瞬间。设使我从“一”的方面看,把这些瞬间重行组合起来,但也不是悠久,因为把悠久上变换的性质,置在瞬间的多数上了。这个"一",不过是把动写成不动的形体,把时写成非时的状态,把我所名为久远的,变成一种死的久远,因为他无非把这做成生活的动变成静的了。设使有人把这些学派的反对意见,在悠久上来考验,就见得他们的差别,不过把这个或那个重要的概念写出来就是了。一派用"多"的方面作视点,把时间上,硬分出来的瞬间,作为具体的实在,这就是把实在做成粉末。他要保持对面的"一"费了许多技术,要从粉末上做出一个谷子来。别一派,是把悠久的"一"作为具体的实在,取一个无穷观。但是他们的无穷是抽象的,是空的,止是一个无穷的概念,不能容纳相反的概念,所以不能让各瞬间的"多"与自己融合起来。在第一种假定,是一个在空中悬着的世界,是每一瞬间,自己完结了,又重新发端。在第二种假定,是无限的抽象的久远,很不易把捉。为什么他自己不肯显露?什么样把万物消纳在自身里面?而且在这两方面的假定,都是把时间置在心理学视点上,由两种抽象的性质夹杂着,既非融合,又非分度。无论那一种系统,都不过一种特别的悠久,仿佛一条河,没有底,没有岸,也没有可加入的力,无一定方向的流过去。其实还不能算是河,河不过流就是了。他们两种信条,是又把实在牺牲了,是用他们的论理学来破裂他。他们有一种见解,让这条河变为固定的,或用固体的覆盖,或变为无数的晶针,总到同一状态上去,就是必要在不动上,用视点来区别他。

完全不同的,就是用直观的宣示,来把捉悠久的具体进行。这上面,没有论理学的理由,可以容多数的或不同的悠久。要严格的规定,就是我们这个悠久以外,不能有别种的悠久。我们悠久的直观,可以无限展拓,让我们完全在空虚中,如纯粹分析的样子,容我们与“悠久的连续”接触,我们跟了他去,或退,或进。在这两种状态上,我们可以凭着有力的勤勉,无限推行。在这两种状态上,我们可超出自身以外。在第一种状态,我们尽到一个永远消散开去的悠久上,脉行是只管加速,与平常觉得的不同,把个悠久在我们的感觉上分解了;他的性质是在数量上面,稀薄起来,到了极限,他们就完全同等,完全是复现,我们因此可以规定物质。在别一方向,我们向着悠久去,觉得益益紧敛起来,益益结合起来,益益增加强度,到极限上就是无穷。这不是概念上死的无穷,乃是活的无穷,这种生活的活动的无穷,是我们固有的悠久,重行发见,仿佛颤动的光线。这种因结合而发见的悠久,正与因消散而得的物质相对。在这两端中间最适中的界线,是直观活动的地位,这个活动,就是玄学。

图书在版编目(CIP)数据

蔡元培译著 ：上下册 / 蔡元培译 ；《蔡元培全集》编委会编. — 北京 ：商务印书馆，2024
(蔡元培全集 ；卷一二)
ISBN 978-7-100-23138-1

Ⅰ. ①蔡… Ⅱ. ①蔡… ②蔡… Ⅲ. ①社会科学—文集 Ⅳ. ①C53

中国国家版本馆 CIP 数据核字(2023)第 193788 号

蔡元培全集

卷一二

蔡元培译著(上下册)

蔡元培 译

《蔡元培全集》编委会 编

商 务 印 书 馆 出 版

(北京王府井大街 36 号 邮政编码 100710)

商 务 印 书 馆 发 行

北京新华印刷有限公司印刷

ISBN 978-7-100-23138-1

2024 年 11 月第 1 版 开本 880×1240 1/32

2024 年 11 月北京第 1 次印刷 印张 17⅜

定价：126.00 元